Traduzidos dos respetivos originais, com introduções e notas explicativas, esta coleção põe o leitor em contacto com textos marcantes da história da filosofia.

Escritos sobre o Terramoto de Lisboa

Título original:
Die Erschütterung der vollkommenen Welt:
Die Wirkung des Erdbebens von Lissabon im Spiegel europäischer Zeitgenossen

Prefácio: Wolfgang Breidert

Posfácio: João Duarte Fonseca

Tradução: Benedith Bettencourt

Revisão: Inês Castelhano

Design de coleção: FBA

Capa: Grupo Almedina

Depósito legal n.º 458517/19

Biblioteca Nacional de Portugal – Catalogação na Publicação

KANT, Immanuel, 1724-1804

Escritos sobre o Terramoto de Lisboa. – (Textos Filosóficos)
ISBN 978-972-44-2151-3

CDU 113

Paginação:
MA

Impressão e acabamento: Artipol - wwwartipol.net

para
EDIÇÕES 70
Julho de 2019

EDIÇÕES 70, uma chancela de Edições Almedina, S.A.
Avenida Engenheiro Arantes e Oliveira, 11 – 3.º C – 1900-221 Lisboa / Portugal
e-mail: geral@edicoes70.pt

www.edicoes70.pt

Immanuel Kant

Escritos sobre o Terramoto de Lisboa

70

Prefácio[1]

Os grandes processos ou acontecimentos de uma época são frequentemente vistos como marcos da História, com os quais relacionamos o que «antes» ou «depois» deles aconteceu. Só muito raramente essas sinalizações resultam da fixação arbitrária de uma qualquer data. Os acontecimentos que marcam uma época, como as revoluções, invenções ou catástrofes, são, acima de tudo, aqueles após os quais «o mundo parece diferente» do que era antes. O terramoto de Lisboa de 1755 faz parte desses acontecimentos do século que «mudaram o mundo», daí que não seja de admirar que Johann Peter Hebel, na sua narrativa *Unverhofftes Wiedersehen*, a fim de retratar em termos concretos a longa existência de uma mulher que viveu no século XVIII, refira também, como exemplo dos muitos acontecimentos importantes ocorridos no seu decurso, o terramoto de Lisboa. Pressupunha-se assim que a destruição da capital portuguesa constituía para o leitor um ponto de referência temporal, à semelhança do que o fim da Segunda Guerra Mundial ou o desmembramento da União Soviética podem representar para nós, leitores do século XX[2]. A verdade é que, mesmo nos nossos dias, nos reportamos ainda a esse grande terramoto do século XVIII, como se pode verificar pelo facto de quando, na primavera de 1992, a terra tremeu na Bélgica

---

[1] Corresponde à introdução da obra: *Die Erschütterung der volkommenen Welt: Die Wirkung des Erdebens von Lissabon im Spiegel europäischer Zeitgenossen*. Darmstadt: Wissenschaftliche Buchgesellschaft, 1994.

[2] O texto de Wolfgang Breidert foi publicado em 1994.

e países circunvizinhos, se ter lido nos jornais que aquele fora o abalo mais forte desde sempre, embora com consequências nem de longe tão devastadoras quanto o de Lisboa.

O terramoto de Lisboa foi uma catástrofe de enorme dimensão e vastas repercussões. É, no entanto, possível que não se descortine, hoje em dia, qualquer interesse em dissertar sobre tão infausto acontecimento. Conceitos como os de «catástrofes técnicas», «proteção contra catástrofes» e «medicina de catástrofes» são, na verdade, criações do nosso tempo. As duas guerras mundiais ainda não estão assim tão distantes de nós. O século XX conheceu o naufrágio do *Titanic*, mas também o extermínio dos judeus e de outros grupos marginalizados, nos campos de concentração nazis, onde o nome «Auschwitz» ressalta como paradigma. Conhecemos igualmente as catástrofes de Estalinegrado, Dresden e Hiroxima. À primeira vista, porém, parece existir uma diferença fundamental entre a destruição de Lisboa e estas catástrofes mais recentes. Com efeito, enquanto a primeira, à semelhança, por exemplo, da de Pompeia, decorreu de um fenómeno *natural*, os funestos eventos da nossa época foram fruto da ação *humana*. Se neste último caso, por conseguinte, os homens podem ser considerados autores ou molas propulsoras de acontecimentos em que outros homens e a própria Natureza surgem como vítimas, já no anterior é a Natureza que desempenha o papel de agente e as vítimas serão os homens, no quadro das suas instituições culturais, mas também outros seres vivos, como os animais e as plantas. Em ambos os casos, porém, verifica-se uma identidade parcial entre as esferas das vítimas e dos «algozes».

Ora, nós, longe de aceitarmos com resignação as catástrofes, temos tendência a procurar as suas causas. Todavia, esta busca dos fatores que causam ou desencadeiam uma catástrofe conduz, em épocas e contextos culturais diferentes, a resultados igualmente diferentes. É assim que a sua «autoria» tanto pode ser atribuída ao destino como aos deuses, à Natureza como aos seres humanos, ou até mesmo a uma «falha humana».

Na distinção entre catástrofes provocadas por ação humana e catástrofes naturais, não se tem, na maioria das vezes, em conta os pressupostos metafísicos e a opção por uma determinada perspetiva que lhe estão subjacentes. Se lermos as reflexões dos contemporâneos do terramoto de Lisboa, veremos claramente que eles nem sempre encaravam os fenómenos naturais como independentes do comportamento humano. A distinção entre catástrofes naturais e catástrofes provocadas pelo Homem torna-se, assim, pouco nítida.

Mesmo em tempos mais recentes, a responsabilidade pelas catástrofes naturais é frequentemente atribuída ao Homem. Anders Wijkman, presidente do Comité de Auxílio em Situações de Catástrofe, da Cruz Vermelha Internacional, e o jornalista Lloyd Timberlake escreveram, num livro originalmente publicado em 1984: «As catástrofes são acontecimentos sociais e políticos suscetíveis de ser impedidos e que, em muitos casos, efetivamente o são.» Em tom menos provocatório, afirmam um pouco atrás: [Em algumas catástrofes] «desencadeadas por fenómenos naturais – como tremores de terra, erupções vulcânicas ou furacões – as suas consequências são agravadas pela imprudência humana». O título original deste livro lançava ainda a questão se as catástrofes naturais eram obra de Deus ou do Homem. O título alemão evita esta ousadia teológica, avançando de imediato com o conceito de vingança: *A vingança da Criação – Catástrofes naturais: fatalidade ou obra humana?* A tendência generalizada nos finais do século XX para atribuir às pessoas a responsabilidade pelas catástrofes também pode ser lida numa perspetiva individualista. Com efeito, se atribuirmos a uma pessoa inteira responsabilidade pelo seu destino, na medida em que o consideramos fruto de uma escolha metafísica individual, tudo quanto do exterior a possa atingir será visto como decorrente dessa mesma escolha – o que equivale a dizer que tanto a sua sorte como o seu azar serão forjados por ela própria.

Também vista sob um outro ângulo, a distinção entre catástrofes naturais e catástrofes de origem humana parece em vias de se esbater. Afinal, se o próprio Homem é parte da Natureza, isso significa que as catástrofes por ele desencadeadas também têm uma origem natural. Ou seja, se por um lado o responsabilizamos em demasia, por outro responsabilizamo-lo de menos. Diga-se, porém, que estas imputações de culpa têm por base pressupostos que estão longe de ser evidentes e, se acaso o parecerem, um olhar sobre os textos do século XVIII será suficiente para dissipar essa impressão.

Sobre a situação em que se deu o terramoto

Na época do Renascimento, o desenvolvimento da ciência e da técnica conhecera um forte incremento, alicerçado nos ofícios medievais e nas universidades criadas no âmbito da Escolástica. O sucesso da física empírica quantitativa, bem como a expansão espacial e metafórica da ciência – paradigmaticamente marcada pela invenção do telescópio e do microscópio – conferiram aos novos tempos o seu impulso de arranque. O domínio técnico-científico da Natureza parecia não conhecer fronteiras, ou não fosse a teoria da gravitação de Newton uma doutrina que abrangia espacialmente todo o cosmos, incluindo os seus pontos mais longínquos. A interpenetração de todos os domínios fenoménicos converteu-se no objetivo iluminista de uma época de otimismo gnosiológico. Num mundo enformado pela teologia cristã, tal significava que também a teologia devia assentar numa base racional, pois o cristianismo, em última análise, fizera de Deus um ser omnisciente e racional. O objeto e o método da teologia racionalista pareciam assim em harmonia. O facto de, para além do mais, este Deus *único* dever ser, em si mesmo, o amor e a bondade ilimitados, mas também, simultaneamente, um ser todo-poderoso, desembocou na exigência – latente desde a Patrística e explicitamente formulada em Pierre Boyle – de uma teodiceia, uma justificação de Deus contra a censura de ser Ele o autor de todo o mal deste mundo. Leibniz impôs a si mesmo este desafio e tentou, com a sua *Teodiceia* (1710), defender Deus contra todos os ataques. Tendo em consideração as «verdades eternas» a que também Ele estaria vinculado, Deus teria criado o *melhor* de todos os mundos possíveis. Este otimismo implicava a ideia de que qualquer pequena alteração, por muito ínfima que fosse, na ordem das coisas criadas, e nomeadamente a erradicação de um qualquer mal, produziria um mundo em todo o caso pior do que o criado por Deus. Daí que já Leibniz também considerasse que uma mera redução da diversidade das criaturas representava um empobrecimento do cosmos. Pondo a questão em termos drásticos: um mundo sem o vírus da peste ou da sida não estaria completo. Seria, por conseguinte – em circunstâncias idênticas – inferior ao existente.

O facto de o pensamento do filósofo Leibniz se ter limitado, em larga medida, a expressar o espírito do seu tempo é-nos demonstrado pelo grande poema didático de Alexander Pope, *An Essay on Man* (1733s.), que culmina no aforismo, por diversas vezes repetido, «What ever is, is right». Assim como Händel, na sua oratória *Jephtha*, trabalhou musicalmente esta máxima, também literatos criacionistas da época deram voz, nas suas obras poéticas, à glorificação leibniziana deste mundo.

Quando o poema de Pope surgiu em francês, numa tradução deturpada, constituiu motivo de escândalo devido ao facto de nele se negar a ideia de que o mundo tivesse sido criado unicamente para a humanidade. Para além disso, o seu autor foi – injustamente – considerado um mero epígono de Leibniz. Daí adviriam consequências para a História das Ideias, dado que a difusão do determinismo leibniziano, por intermédio de Christian Wolff, seria inicialmente encarada como um perigo político na Prússia, e a tal ponto que esse grande racionalista se viu forçado a fugir de Halle para Marburgo, para conseguir escapar à forca. Mesmo depois de ter sido reabilitado por Frederico II, em 1740, continuou a ter numerosos adversários. A Academia das Ciências prussiana promoveu então, pela mão de Maupertuis, seu presidente e admirador de Newton – e envolvido com Samuel König num conflito de prioridades em desfavor do há muito falecido Leibniz –, três concursos que tinham por objetivo demonstrar a falsidade da filosofia leibniziana. Pela mesma razão, o concurso de 1753 foi consagrado a um exame crítico, isto é, a uma refutação da máxima de Pope «O que quer que exista é bom».

E foi assim que o mundo académico da Europa deu por si mergulhado numa acalorada discussão acerca do otimismo de Leibniz e Pope, enquanto os literatos, engenheiros e artesãos se mostravam animados por uma firme fé no progresso. Esta visão globalmente positiva do mundo iria, no entanto, ser fortemente abalada pelo terramoto de Lisboa. E porque os abalos nem sempre são sinónimo de destruição física, podemos dizer que em alguns (não na totalidade) dos pensadores de 1755 – como, por exemplo, Voltaire – se assistiu ao desmoronamento de uma convicção fundamental.

Relatos do terramoto

Apesar de os terramotos no Mediterrâneo não serem raros, de Lisboa também já ter sofrido diversos tremores de terra e de os habitantes desta metrópole portuária estarem bem ao corrente dos grandes sismos no Peru e no Japão, nem por isso a catástrofe ocorrida por volta das 9h30 desse 1.º de Novembro de 1755, Dia de Todos os Santos, foi menos inesperada, tendo apanhado toda a gente desprevenida. Muitos dos católicos morreram durante a missa, soterrados nas ruínas das cerca de 30 igrejas desmoronadas. Estima-se que a magnitude do terramoto tenha rondado os oito graus e meio na escala de Richter. O epicentro situou-se perto da costa de Lisboa, mas houve notícia das suas repercussões, sob a forma de oscilações do solo e agitação das águas, até mesmo da Suécia e Brandenburgo. Do Norte de África à Escandinávia registaram-se tremores de terra, ainda que seja difícil de determinar se alguns dos fenómenos descritos não terão sido consequência de algum outro terramoto, ocorrido noutro ponto.

Em Lisboa, o primeiro sismo foi seguido de outros dois grandes abalos, dos quais o mais intenso terá sido o segundo, mas o pior de tudo foi a onda de maré que, erguendo-se no oceano, rebentou na foz do Tejo e se abateu violentamente sobre as zonas mais baixas da cidade. Os maiores danos resultariam, no entanto, dos subsequentes incêndios deflagrados pelas brasas dos fogões de cozinha que se encontravam entre os escombros.

Os dados sobre o número de vítimas mortais são muito divergentes, não só em virtude de os cálculos do número de habitantes serem, por via de regra, bastante imprecisos, como da já então habitual tendência para o sensacionalismo. As estimativas variam entre 20 e 60 mil, sendo que o mais provável é que tenham morrido cerca de 30 mil pessoas.

Nos relatos sobre a catástrofe, deparamos constantemente com uma descrição minuciosa da primitiva beleza e opulência de Lisboa. Só o Teatro, cuja construção apenas nesse fatídico ano ficara concluída, e que de imediato ficou em ruínas, teria custado dois milhões de cruzados. Conta-se que o seu palco era tão grande que dava espaço para uma fileira de seis coches se virar ao contrário.

Face ao enorme grau de destruição, e tendo em vista a prevenção de futuros terramotos, discutiu-se durante meses se a cidade deveria ou não ser reconstruída no mesmo lugar.

Repercussões

Longe de ser puramente determinado por factos objetivos ou reflexões racionais, o nosso comportamento perante catástrofes é antes, na maioria das vezes, bastante irracional. Para começar, não são necessariamente as catástrofes com maior número de vítimas que despertam prioritariamente a nossa atenção. É provável que os terramotos de 1906, em São Francisco, e de 1963, em Skopje, com um número de mortos comparativamente reduzido (cerca de mil), estejam mais próximos e muito mais vivos na nossa memória, em virtude das exaustivas reportagens de que foram alvo, do que os sismos de 1920, 1927 e 1932 em Kansu, na China, nos quais entre 100 a 200 mil pessoas terão perdido a vida. Também o terramoto de Lisboa, se atendermos ao número de vítimas mortais que terá causado, e não obstante o seu efeito devastador, não foi, de forma alguma, o pior dos que nesse século se registaram. O grande tremor de terra que, em

1930, arrasou a cidade de Jedo, atual Tóquio, ceifou cerca de 135 mil vidas. Mas a destruição de Lisboa teve, pelo menos no que à história europeia diz respeito, uma repercussão consideravelmente superior. Esse foi um terramoto que não se limitou a sacudir uma determinada superfície terrestre. Abalou também todo um mundo cultural, científico e espiritual. Diga-se, aliás, que dramaturgo algum poderia ter escolhido um momento mais crucial para a ocorrência desta hecatombe.

A abordagem científica e literária da catástrofe de 1755 processou-se a diversos níveis. Em primeiro lugar, temos o efeito emocional. Os relatos sensacionalistas procuram sempre retratar a desgraça da forma mais intensa e pictórica. Para isso, precisam de representações de destinos individuais. Mas, se a infelicidade de uma única pessoa pode inspirar compaixão ou horror, a descrição de uma catástrofe não pode dispensar os grandes números. Daí que o tratamento noticioso das catástrofes tenha de conciliar os valores estatísticos elevados e «anónimos» com o dramático destino de pessoas individuais. Da exploração da curiosidade e avidez de sensações podem nascer sentimentos de consternação e compadecimento, conducentes, por sua vez, a comportamentos de solidariedade. Ao mesmo tempo, os que escaparam ilesos não poderão deixar de se sentir gratos pela sua sorte.

Um relato vivencial ou sensacionalista dessa época é o que podemos ler nos jornais de Halle (*Halleschen Zeitungen*, 1756, n.º 37, 4. Mart. 1756, p. 154s.) e apresentamo-lo como exemplo deste género de informação jornalística:

> Lisboa, 20 de janeiro
>
> Não se vislumbra fim para a nossa desgraça. Embora, durante alguns dias, a Terra se tenha mostrado serena e todo o perigo parecesse já ultrapassado, foi, afinal, sol de muito pouca dura. Após alguns abalos ligeiros, que se costumam fazer sentir pela manhã e à tardinha, ocorreram novos tremores de terra suficientemente fortes para derrubar alguns edifícios que, a despeito da violência dos primeiros sismos, se mantinham ainda de pé,

entre eles o palácio do Grande Almirante Português, Conde da Redenda, que há cinco ou seis dias ficou totalmente arrasado. Todos os habitantes se veem obrigados a permanecer no campo, em choupanas miseráveis, e a corte continua abrigada em tendas na zona de Belém. Deve, no entanto, partir hoje ou amanhã para Salvaterra, onde, pelo menos, encontrará alojamento na casa real e não terá de suportar o tempo agreste. Todos os projetos de reconstrução da cidade de Lisboa são, na verdade, fáceis de fazer, o difícil vai ser executá-los. Antes de a cidade poder ser reconstruída, vai ser preciso remover todo o entulho e examinar cuidadosamente o terreno, para que se não ande a construir em vão sobre solo ruim. Uma precaução necessária, mas que ainda pode trazer grandes entraves aos projetos já feitos.

Excerto de um relato enviado de Lisboa por um mercador alemão protestante que aí se havia estabelecido:

Quando se deu o terramoto do 1.º de Novembro do ano passado, estava eu sozinho no meu quarto a ler um sermão. Subitamente, senti estremecer a minha casa, que tinha cinco andares, e corri lá para baixo a ver o que se passava. Aí, deparei com os meus criados estendidos de cara no chão, a implorar pela misericórdia de Deus. Precipitei-me de novo pela escada acima para ir buscar a minha mulher, doente desde há alguns dias por via de um parto malsucedido, e os nossos três filhos pequenos. Mas não ia ainda a meio do caminho quando o tremor de terra se tornou tão forte que as casas começaram a cair. Detive-me durante alguns minutos na soleira da porta, encostado a uma coluna de pedra junto à sala de jantar, esperando a morte a todo o momento, no meio das pedras, traves e telhas que choviam à minha volta. O medo apertava-me o coração, mas entreguei-me inteiramente nas mãos de Deus e decidi que mais valia morrer ao pé da minha mulher e filhos do que fugir. Enchendo-me então de coragem, encaminhei-me para o quarto onde minha mulher jazia no leito e, Deus seja louvado! consegui chegar lá ileso. Vi que um dos lados do quarto já tinha ruído por completo. A minha mulher estava sentada na cama a rezar, mas as crianças andavam à roda dela, gritando: «Ai mãezinha, socorro! Ajuda-nos!». Esta cena comoveu-me extraordinariamente. Deus deu-me, contudo, forças para levar a minha família a salvo para baixo. Foi aí que me apercebi de que a casa do meu estimado primo L. e todas as outras da vizinhança tinham já desabado. Fiquei então com receio de que o meu primo e sobrinha já estivessem mortos. Estava indeciso quanto ao que havia de fazer para que as paredes que ainda se mantinham de pé não caíssem sobre nós e nos esmagassem ao sairmos. Em nome de Deus, tomei a resolução de avançar. Agarrei na minha mulher doente com um braço, no meu filho mais pequeno com o outro, e as criadas encarregaram-se das outras duas crianças. Cheios de determinação e fé em Deus, rompemos caminho por entre escombros de casas, mortos e feridos, e, por uma extraordinária graça do Senhor, tivemos a sorte de chegar à grande praça do Rossio sem o mínimo ferimento ou beliscadura. E assim fui salvo da morte pelo meu guardião [...] As primeiras pessoas que aí avistei foram meu primo L. e sua mulher Liebste, por cuja vida tanto me inquietara. Foi tamanha a alegria que senti ao vê-los que não pude mais conter as lágrimas que me inundaram os olhos. Aí instalei então a minha mulher meia morta e os nossos três filhos pequenos, após o que um outro abalo mais forte espalhou entre a multidão de milhares, que ali haviam procurado refúgio, um verdadeiro medo de morte. Toda a gente se queria confessar e receber a absolvição, e os padres viam-se assediados por todos os lados. Vê-los ali às voltas com as suas imagens de santos inspirava-nos um medo e terror ainda maiores do que aqueles que já havíamos experimentado. Fomos forçados a beijar também aquelas imagens, se não queríamos acabar apedrejados e mortos pela populaça. E nesse medo permanecemos durante quatro horas, até que o fogo deflagrou em todos os cantos da cidade e cercou a nossa praça, de tal modo que todos pensaram que iam agora morrer queimados vivos. Rezámos fervorosamente a Deus pela nossa salvação e só isso nos terá permitido alcançá-la. Ultrapassado também esse perigo, afastámo-nos confiantemente da praça, passando de novo por cima de cadáveres esmagados, até chegarmos por fim, sãos e salvos, ao campo onde muitos milhares de pessoas em fuga se haviam já reunido. Em todo esse dia, não comemos nem bebemos absolutamente nada e dormimos ao relento nas duas noites que se seguiram. Finalmente, conseguimos armar uma tenda sob a qual suportámos frio e chuva com fartura ao longo de 40 dias e 40 noites, num constante receio dos terramotos que ainda quotidianamente se faziam sentir. Agora, armámos uma pequena cabana de tábuas onde nos abrigamos. Damos graças a Deus por nos ter poupado a vida, para assim podermos louvar o seu Santo Nome e exortar outros a que igualmente o façam. Bendito seja o Senhor! Perdemos tudo. O único valor que conseguimos salvar foram os nossos livros de contas. Outros houve que não salvaram absolutamente nada. Estamos contentes com o que o Senhor nos impôs e dizemos do fundo do coração: «O Senhor o deu, o Senhor o tirou, o Nome do Senhor seja louvado!» Para Ele é muito fácil voltar a abençoar-nos. Quem confiou em Deus construiu na Terra e construiu no Céu; e nem mesmo as portas do Inferno poderão subjugar tais edifícios. Calcula-se agora que 30 mil pessoas tenham perdido a vida neste terramoto, sem contar com as que ficaram totalmente esmagadas [...].

Um poema publicado na edição de Ano Novo das *Notícias de Berlim* (*Berlinischer Nachrichten*) dá-nos conta da forma como esse sentimento de se haver, uma vez mais, escapado à calamidade foi também exteriorizado com grande pompa e circunstância. Temos aqui uma ode em que o rei Frederico e a sua família são «ousadamente» exaltados, louvados e congratulados. Mas este versejador desconhecido não podia passar ao lado do acontecimento do século, que, esse sim, passara, felizmente, ao largo. Daí que tenha escrito neste teor a segunda e a terceira das suas oito estrofes:

> O que a outros atormenta não o sentis
> Dos sábios desígnios do céu vos cai o presente,
> evitando que a desgraça vos atinja,
> de um prazer a toda hora crescente.
> Ai! Lançai aqui um olhar de compaixão
> para esse destino cruel e inclemente,
> que Lisboa num deserto transformou,

e a tantos milhares de homens demonstrou
que a ruína não tem hora p'ra chegar
e a fortuna e a vida lhes roubar!

Que vos aconteceu? Será que a humanidade
não se faz sentir em vossos corações?
Mas sim! Para tal fostes preparados,
tamanha dor tem de vos emocionar.
Meu Deus! Justos são os teus caminhos;
nós, porém, demasiado fracos e malvados
para teus sábios desígnios desvendar.
Lá impera o medo, aqui reina a tranquilidade,
pois o nosso quinhão de felicidade
devemo-lo a Ti e a Frederico, nosso rei! ([3])

Para além deste, muitos outros poetas consagraram a sua lírica à catástrofe de Lisboa, ainda que nem sempre de uma forma tão banal.

Face a essa terrível atrocidade que foi o extermínio sistemático de milhões de seres humanos nos campos de concentração nazis, Adorno, no seu ensaio *Kulturkritik und Gesellschaft* (1951), escreveu, de forma algo precipitada, estas palavras tão frequentemente citadas: «Depois de Auschwitz, escrever um poema é uma barbaridade, e isto corrói igualmente a explicação de como seria possível escrever poemas hoje em dia». Em *Negativen Dialektik*, vai ainda mais longe e diz: «Depois de Auschwitz, toda a cultura, incluindo a crítica premente que a acompanha, é puro

---

([3]) Was andre plagt, das fühlt ihr nicht / Euch schenkt des Himmels weises Fügen, / Der eurem Unfall widerspricht, / Ein stündlich wachsendes Vergnügen. / Ach! Werft hier einen Mitleids-Blick / Auf das entsetzliche Geschick, / Das Lissabon zur Wüste machte, / Das so viel tausend Menschen wies, / Was plötzliches Verderben hieß/ Das sie um Gut und Leben brachte! / Wie wird euch? Läßt die Menschlichkeit / Sich nicht in euren Seelen spüren? / O ja! Ihr seid dazu bereit, / Ein solcher Jammer muß euch rühren. / Gott! Deine Wege sind gerecht, / Wir aber zu schwach und schlecht, / Dein weises Absehn zu ergründen. / Dort wohnt die Angst, bei uns ist Heil, / Wir können unser Segens-Teil/ An dir, und unserm Friedrich, finden.

lixo». Alguns autores, porém, dotados de subtileza sofística, conseguiram interpretar estas palavras não no sentido de uma «interdição geral da lírica e da cultura» mas no de uma mera constatação do antagonismo entre desumanidade fascista e disposição estética. Mas então por que motivo terá Adorno reiterado, mais tarde, a sua afirmação? É, de facto, possível que seja bárbaro escrever poemas a seguir a catástrofes e, mais ainda, de catástrofes de carácter tão excecional, mas porque é que esses poemas hão de ser necessariamente «lixo»? Talvez a fixação em Auschwitz seja algo descabida, pois, ainda que possa ser, de um modo geral, bárbaro escrever poemas na sequência de uma grande catástrofe e, por maioria de razão, *sobre* essa catástrofe em concreto, a verdade é que nunca faltou quem o fizesse. Em certas ocasiões, essa espécie de trabalho de luto foi decididamente considerada tarefa específica do poeta, em conformidade com as palavras do Tasso de Goethe. O paradoxo da poesia reside nessa exigência de que até mesmo o seu próprio silêncio seja expresso em palavras.

Em 1755/56, depois do terramoto de Lisboa, houve poemas em abundância. Todavia, e tal como se viria a verificar após Auschwitz, longe de criarem *formas* poéticas inteiramente novas, os poetas ativeram-se ao estilo e formas do seu tempo. Todos os que na altura se consideravam poetas compunham odes, daí que encontremos numerosos exemplos desse tipo de composição, para além de poemas de outra natureza (epigramas), inspirados por esse impressionante acontecimento. Essas efusões poéticas de autores medíocres obedeciam frequentemente a um padrão que tinha tanto de fixo como de estéril: (1) a cidade esplendorosa, pacífica, feliz; (2) os prenúncios da tragédia; (3) o (primeiro) terramoto; (4) imagens expressivas da desolação, com os clichés da criança ao peito da mãe e o ancião curvado sobre o corpo esmagado do filho; (5) breve pausa como momento retardador; (6) prosseguimento da catástrofe, num furor redobrado, com novos tremores de terra, incêndios e maremotos; (7) destruição generalizada; (8) conclusão moralista com um *memento mori* que incluía uma referência ao Juízo Final e uma exortação a que se celebrasse a memória das vítimas. Para além disso, e em especial nos poemas que visavam abalar emocionalmente o leitor, deparamos com uma grande profusão de interjeições e perguntas retóricas, muito características da época. Já no que toca a dramas, contos, novelas e romances, o grande terramoto encontrou pouco e tardio eco. Mesmo Voltaire só escreveu o seu *Cândido*, no qual o terramoto é, pelo menos, um elemento do enredo, depois do seu grande poema sobre Lisboa. Kleist escreveu sobre o terramoto no Chile, e a exploração da tragédia de Lisboa por Reinhold Schneider data já do século XX. No panorama geral dos poemas consagrados a este tema, destacam-se, para além do poema de Voltaire, as duas odes de Lebrun.

Quando não eram apenas notícias ou breves relatos na imprensa diária, as publicações relativas ao terramoto de Lisboa procuravam, na maioria das vezes, inscrever a catástrofe num quadro religioso. Num ambiente fortemente impregnado pelo cristianismo – e não obstante os numerosos esforços em contrário dos iluministas –, a interpretação desse grande infortúnio tinha de remeter, de alguma forma, para Deus. Na maioria das vezes, o terrível acontecimento foi lido como ação de um Deus justiceiro e salvador. Em algumas cidades como, por exemplo, Frankfurt, foram decretados dias especiais de penitência e oração, no intuito de extrair ensinamentos daquele pretenso sinal divino e rogar por salvação de um destino idêntico. Contra um poeta que, em consonância com o estádio da ciência da época, havia entendido o terramoto como uma irrupção de ventos subterrâneos, manifesta-se um outro, em tom de admoestação:

> Não o sopro de Éolo, mão justiceira do Criador
> Nem tão-pouco os vulcões, mas o próprio Deus com
> [as chamas da vingança
> Se lança contra ti, oh Lisboa
> ...
> Calai-vos blasfemos! Deixai-vos de zombarias!
> Deus fustiga-lhe a cabeça e a Europa inteira estremece
> Tremei, cidades orgulhosas, e senti-lo nas vossas coroas

Quem sabe quando a Sua ira vos enterrará a vós
[em escombros e horror?]
Nem só Lisboa tem pecados
Quem não aprender desta vez, amargará a Sua cólera([4])

Numa religião em que até mesmo as emoções mais naturais eram consideradas pecaminosas, Deus podia, a todo o momento, vingar-se de alguém. E, contra aqueles que mencionavam as crianças inocentes, invocava-se a história do pecado original. A Natureza limitar-se-ia, por conseguinte, a executar as ordens de Deus e a culpa por esse castigo era atribuída aos homens. Nessa medida, podemos dizer que, já nessa altura, o homem era considerado responsável pelas catástrofes naturais. Uma vez que ninguém podia ser presumido inocente, era lícito, relativamente aos poucos que, muito a custo, haviam logrado escapar, falar-se em graça divina e em Deus como fonte de auxílio e salvação. Diga-se, porém, que, ainda há uma dúzia de anos, aquando de uma catástrofe numa mina em que apenas houve alguns sobreviventes, salvos mediante recurso a uma perfuração de emergência, houve um jornal diário de grande difusão que não teve qualquer pejo em escrever como cabeçalho da notícia: «Deus ajudou a brocar».

Os contemporâneos do grande terramoto referem-se constantemente ao poder ilimitado de Deus, considerado não só Senhor e Juiz como criador deste mundo. A duplicidade do papel de Deus nas catástrofes, por um lado, criador e soberano do mundo, por outro, pai de todos e redentor, impeliu Voltaire a repudiar o otimismo da tese central do seu muito prezado Pope. Perante algo como a derrocada de Lisboa, não seria simplesmente bárbaro – para empregar a expressão de

---

([4]) Nicht Aeols Hauch, des Schöpfers Richterhand; / Auch nicht Vulkan, Gott selbst mit Rächerflammen / Stürmt über dir, o Lissabon, zusammen. / Ihr Spötter schweigt! Laßt ab von eurem Hohne! / Gott schlägt das Haupt und ganz Europa bebt! / Ihr stolzen Städte zagt und merkt es an eurer Krone! / Wer weiß, wann euch sein Zorn in Schutt und Graus begräbt? / Nicht Lissabon allein hegt Sünder: / Wen dieser Fall nicht lehrt, dem droht sein Grimm nichts minder.

Adorno – dizer acerca deste mundo: «What ever is, is right»? Para Voltaire, não fora apenas Lisboa que se desmoronara, mas toda uma visão do mundo. Face à catástrofe, a revolta inflamava--o. Revolta, antes do mais, contra aqueles que não dispunham de imaginação suficiente para conceber a possibilidade de um mundo melhor, mas também contra os que analisavam a catástrofe com argumentos racionais, frios e desumanos. Mas, por detrás dessa indignação contra a frieza de sentimentos de padres e devotos, encontrava-se igualmente uma revolta contra o próprio Deus. No seu *Dicionário Filosófico*, Voltaire exprime a sua acrimónia nas seguintes palavras: «Um pai que mata os seus próprios filhos é um monstro… Se se imagina Deus tão bondoso e justo quanto um pai ou um rei deveriam ser, não há mesmo qualquer justificação possível para Ele.»

Ainda antes do poema de Voltaire, foi publicado, sob anonimato, um poema de Ximénes que, pelo facto de ter sido escrito muito ao estilo do grande iluminista francês, lhe seria inicialmente atribuído. Tendo por horizonte o terramoto, o poema sublinha a inutilidade do catolicismo fervoroso e da Inquisição em Lisboa, vendo nesse fenómeno da Natureza uma verdadeira ofensa à justiça.

Também Goethe teve dificuldade em ver no terramoto de Lisboa a ação de um Deus paternal e justo. O seu relato, em *Dichtung und Wahrheit* (I, 1), sobre a impressão que a catástrofe de Lisboa havia produzido no rapazinho de seis anos que então era, está, todavia, fortemente impregnado pela sabedoria e capacidade de reflexão que entretanto adquirira. O relato, que a seguir se transcreve na íntegra, antecede uma descrição da vida feliz na família Goethe.

> Por via de um acontecimento extraordinário na Terra, a tranquilidade do jovem rapaz foi porém, e pela primeira vez, profundamente abalada. No 1.º de Novembro de 1755, deu-se o terramoto de Lisboa, que deixou aquele mundo, já acostumado à paz e à serenidade, num enorme sobressalto. Uma capital de reino, grande e imponente, simultaneamente cidade mercantil e portuária, vê-se subitamente atingida pela maior das calamidades.

A terra treme e baloiça, o mar enfurece-se, os barcos embatem uns contra os outros, as casas desmoronam-se, igrejas e torres vêm abaixo, o palácio real é parcialmente engolido pelas ondas, a terra fendida parece cuspir chamas. Por toda a parte se avista fumo e fogo nas ruínas. Sessenta mil pessoas, ainda um momento antes tranquilas, despreocupadas, perecem juntas de uma assentada, e as mais felizes ainda terão sido aquelas que nem chegaram a aperceber-se do que lhes aconteceu. As chamas lavram impiedosamente e a ação devastadora do fogo é ainda complementada pela do bando de criminosos anteriormente escondidos, ou postos à solta por este funesto acontecimento. Os infelizes sobreviventes ficam assim expostos ao roubo, ao assassínio e a toda a sorte de sevícias. E deste modo impõe a Natureza, em todas as frentes, a sua ilimitada arbitrariedade.

Mais depressa do que as notícias, os indícios do desastre haviam-se já comunicado a regiões bem distantes. Em muitos lugares, registaram-se abalos mais fracos; em diversas nascentes, sobretudo nas de água potável, observou-se uma estranha retenção do fluxo – e mais forte se tornou, por isso, o impacto das notícias em si, que, inicialmente em linhas gerais, mas depois com pormenores assustadores, se iam rapidamente difundindo. A partir daí, não faltaram reflexões de devotos, consolações de filósofos e prédicas de religiosos. Tanta agitação concentrou durante algum tempo as atenções do mundo nesse ponto, e os corações angustiados pela desgraça alheia iam-se apertando cada vez mais de inquietação, por si próprios e pelos seus, à medida que de todos os lados chegavam mais, e cada vez mais circunstanciadas, notícias acerca das vastas repercussões daquela terrível explosão. De facto, talvez em nenhuma outra época da História tenha o demónio do medo espalhado tão rápida e eficazmente o seu calafrio sobre a Terra.

O rapazinho, que tivera de ouvir estas histórias repetidas vezes, ficou muito impressionado. Deus, criador e guardião do Céu e da Terra, que a explicação dos primeiros artigos de fé lhe descrevera como tão sábio e misericordioso, havia-se afinal revelado – ao condenar justos e pecadores a uma mesma fatalidade – muito pouco paternal. Debalde procurou a jovem mente recompor-se destas impressões, tarefa tanto mais impossível quanto nem os próprios sábios e letrados conseguiam pôr-se de acordo quanto à melhor forma de encarar tal fenómeno.

Goethe reconhece a discrepância existente entre a omnipotência criadora de Deus, proclamada no primeiro artigo de fé, e a leitura que dela é feita por Lutero, para o qual Deus, «por pura bondade paternal e divina misericórdia», cria e preserva, provendo diária e generosamente à manutenção de tudo e todos.

O que tão profundamente abalara o jovem Goethe não podia ter o mesmo efeito sobre Frederico II, rei da Prússia, que, para além de ser alguns anos mais velho, se vira já confrontado com algumas experiências muito dolorosas. À notícia de que a czarina havia proibido os festejos de Carnaval por causa da tragédia de Lisboa, reagiu com o comentário de que mais valia morrer mascarado de arlequim do que sob o crucifixo. Não seria, porém, com tais palavras que o rei iria conseguir, nesse janeiro de 1756, pôr cobro «ao medo constante e ao incessante falatório acerca do terramoto». O caudal de publicações era tão abundante que um comentador iniciava a sua crítica com as seguintes palavras: «Que os terramotos são grandes flagelos é o que podemos ver, entre outras coisas, pela enorme profusão de abomináveis escritos a que dão origem em todos os cantos da Terra, e em virtude dos quais, também este ano [1756], tanta imprensa suspira.»

Não foram só os jornalistas, poetas, literatos, teólogos e filósofos que se sentiram impelidos pelo grande terramoto – e subsequentes abalos de menor intensidade que, meses depois, se faziam ainda sentir – a pensar e a escrever, mas também, e muito particularmente, os investigadores das ciências naturais. A observação de Walter Benjamin de que, nos ensaios kantianos de 1756 sobre o terramoto, se situaria «o início da investigação sísmica» decorre de uma perspetiva muito limitada. Só Seyfart já nos apresenta, em 1756, uma lista de 10 obras consagradas à investigação dos terramotos do século XVII em diante; e os trabalhos de Kant são apenas alguns, ainda que não os de menor relevância, de entre um vasto número de publicações dedicadas ao estudo dos tremores de terra no âmbito das ciências da natureza. O próprio Kant refere a frequentemente citada obra do químico Lémery, surgida alguns anos antes, em que este empreendera uma célebre tentativa de alicerçar uma das outrora ainda numerosas teorias sobre terramotos. Em conformidade com o reiterado sucesso do método da generalização nas ciências sociais, que celebrara o seu maior triunfo com a teoria da gravitação de Newton, Lémery tentou reduzir uma diversidade de fenómenos naturais – erupções vulcânicas, terramotos, nascentes de água quente, fogos-de-santelmo, tempestades, raios e trovões – a uma única causa. No sentido de explicar todas estas manifestações da Natureza, recorreu a uma experiência em que enterrou um pote com uma massa de limalha de ferro, pó de enxofre e água a cerca de 30 cm de profundidade, tendo este libertado calor e, inclusivamente, fogo. Podemos encontrar explicações análogas à de Lémery em Gräfenhahn e Lulof, por exemplo, e, de uma forma muito pormenorizada, em *Physicalischen und ökonomischen Patrioten* (Unzer).

Apenas um número muito reduzido de tentativas de explicação recorre às noções tradicionais da mecânica. Entre essas, conta-se a interpretação de Mylius, que invoca o desabamento de grandes massas de terra em cavernas subterrâneas, bem como a de Desmarest, que explica a propagação dos abalos sísmicos segundo o modelo do impacto elástico das bolas de bilhar, à imagem do qual também as cordilheiras isoladas de montanhas repercutiriam, presumivelmente, o impacto sísmico. Todavia, a maior parte dos investigadores revela uma tendência notória para tentativas de explicação «mais modernas», ou seja, não mecânicas.

O súbito e atroador crescendo de ruído que acompanha um terramoto, a correlativa e elevada velocidade de propagação dos abalos e a sua presumível relação com uma inflamação no interior da terra sugeriam a hipótese de descargas elétricas subterrâneas. Esta explicação dos terramotos já se encontra em 1750 em Stukley, por exemplo, e iria ser retomada por Krüger,

Koken e outros. Num concurso organizado pela Academia de Ruão, perguntou-se expressamente aos concorrentes se haveria ou não uma conexão entre os terramotos e a eletricidade, tendo sido o prémio atribuído a um estudioso de nome Isnard, que, satisfazendo as expectativas, defendeu a opinião de que as causas dos terramotos deviam ser procuradas na eletricidade, uma vez que seriam necessárias quantidades demasiado grandes de matérias explosivas para produzir tão tremendos efeitos. Subjacente a esta tentativa de explicação encontrava-se também, seguramente, a tendência generalizada de cientistas e leigos para alargar o âmbito de aplicação de fenómenos que só recentemente haviam entrado no campo do conhecimento geral – como era, no século XVIII, o caso da eletricidade – ao maior número de domínios possível.

A Academia de Ruão colocou igualmente a questão de saber se existiria alguma relação entre o grande número de poços profundos em Taurus e a menor incidência e menor gravidade dos terramotos nessa região. Isnard atribuiu aos poços uma função de ventilação e aconselhou-os como medida de prevenção sísmica. Nesse ponto, estava muito longe de ser uma voz solitária, cientificamente isolada, pois também o Professor Hollmann, de Göttinger, que não atribuía, na verdade, os terramotos à eletricidade, mas a vapores subterrâneos, se mostrava convencido da possibilidade de prevenir esse flagelo mediante perfurações que aliviassem a pressão no interior da terra.

As catástrofes também têm, e antes de mais, como efeito o chamarem a nossa atenção de uma forma frequentemente desproporcionada. Pode assim acontecer que muitas pessoas tenham por principal preocupação a ameaça de uma guerra atómica, enquanto o perigo, não menos iminente, de uma sobrepovoação da Terra desempenha um papel comparativamente irrelevante na consciência pública; ou então, que povos inteiros lutem pela preservação da sua identidade, quando determinados micro-organismos representam, talvez, um perigo de aniquilação bem superior. Já no século XVIII, encontramos pontos de vista sobre determinadas situações que nos parecem hoje absurdos. Numa época em que as condições básicas de sobrevivência eram extremamente precárias e a esperança média de vida ainda muito limitada, dado que não só muitas mulheres morriam de parto e muitos bebés nem chegavam a vingar, como um grande número de adultos sucumbia a doenças que hoje estão já praticamente debeladas, nessa época, dizíamos, havia investigadores para quem a tarefa mais urgente do século era o desenvolvimento de um método eficaz de prevenção dos terramotos. Nesse aspeto, as propostas de Isnard ou Hollmann poderiam ter sido bem acolhidas. Havia, contudo, algumas dificuldades a considerar. Para começar, os furos ou os poços teriam de ser realmente muito profundos; mas o mais importante é que a extensão colossal da superfície abrangida pelo terramoto de Lisboa demonstrou que seria necessária uma quantidade de perfurações tão gigantesca – admitindo que com isso fosse possível evitar terramotos dessa magnitude – que os custos da prevenção ultrapassariam os dos potenciais danos. Felizmente, estas considerações de ordem económica acabaram por inviabilizar, na altura, um projeto de prevenção que – sabemo-lo hoje – também teria ficado muito longe de cumprir o seu objetivo.

O grande terramoto de 1755 conferiu, de facto, um forte impulso à investigação sísmica na Europa. O registo minucioso de todos os terramotos conhecidos na História e a compilação de todos os relatos disponíveis representaram, sem dúvida, um substancial alargamento da base de dados dos geofísicos. O avanço científico mais significativo entretanto alcançado terá sido, porém, a distinção fundamental entre fenómenos vulcânicos e fenómenos tectónicos. E, ainda que a previsão e prevenção de terramotos continuem muito problemáticas, foram, no entanto, feitos progressos consideráveis no que toca à limitação de danos, nomeadamente através de tipos de construção mais adequados e da divulgação das regras de comportamento a adotar em caso de emergência. Entre as previsões mais conhecidas, continua a contar-se a do ainda hoje aguardado grande terramoto da Califórnia, a sul da Falha de Santo André. Esse será, seguramente, o primeiro terramoto a ter sido batizado ainda *antes* de acontecer (*The Big One*). De acordo com os cálculos (que começaram por apontar como data aproximada os anos de 1994 a 1997), o abalo durará três minutos, atingirá, pelo menos, oito graus de magnitude e colocará em maior perigo as cidades de San Bernardino, Riverside e Palm Springs. O «último grande aviso» chegou sob a forma de um duplo abalo no deserto de Mojave, em 28 de junho de 1992. Para a Geofísica, que, à semelhança da Astronomia, não pode criar, em qualquer altura, condições experimentais a seu grado, perfila-se uma espetacular confirmação ou infirmação dos seus prognósticos. Note-se, porém, que a ocorrência ou ausência deste grande terramoto não constituirá nenhum marco universal na História das Ideias. Só alguns fanáticos religiosos o interpretarão como uma vingança direta de Deus, mas dificilmente dará origem a um debate sobre o otimismo. Talvez um ou outro sobrevivente tome consciência de que não só vivemos num planeta azul, cuja pequena dimensão é facilmente constatável por imagens de satélite, como esta esfera é uma bola de fogo cujo fino invólucro está longe de ser estável. Só mesmo a um ser expulso do Paraíso é que um Deus benevolente poderia ter atribuído tal morada. Numa época em que as telecomunicações nos mantêm ao corrente de tantas catástrofes por esse mundo fora, dificilmente os escritores e poetas se irão sentir particularmente inspirados pela ocorrência de outro grande terramoto. Mas já não será de admirar que os jornalistas procurem explorar financeiramente mais essa futura catástrofe. Bem vistas as coisas, a forma de lidar com as catástrofes pode ser irracional, mas é, sem dúvida, muito «humana».

Wolfgang Breidert
Universidade de Karlsruhe – Departamento de Filosofia

IMMANUEL KANT

ESCRITOS SOBRE O TERRAMOTO DE LISBOA

O primeiro e o terceiro artigo de Kant sobre os terramotos («Acerca das causas...» e «Considerações adicionais...») foram publicados em 1756, num semanário da sua cidade natal (*Königsbergischen wochentlichen Frag und Anzeigungs-Nachrichten*, n.ºs 4 e 5, de 24 e 31 de janeiro, respetivamente, e n.ºs 15 e 16, de 10 e 17 de abril). O segundo e o mais extenso destes artigos («História e descrição natural...») surgiu entre os dois anteriormente citados (por volta do início de março), também em Königsberg, numa publicação independente editada por Johann Heinrich Hartung.

Para a reprodução do texto, recorreu-se à edição da Academia das obras de Kant. A ortografia foi adaptada às normas atualmente vigentes. Na tradução, foi utilizado o texto publicado em *Die Erschütterung der vollkommenen Welt: Die Wirkung des Erdbebens von Lissabon im Spiegel europäischer Zeitgenossen*. Darmstadt: Wissenschaftliche Buchgesellschaft, 1994, pp. 100–143.

ACERCA DAS CAUSAS DOS TREMORES DE TERRA, A PROPÓSITO DA CALAMIDADE QUE, PERTO DO FINAL DO ANO PASSADO, ATINGIU A ZONA OCIDENTAL DA EUROPA

Grandes acontecimentos que afetam o destino coletivo dos homens despertam, justificadamente, essa famosa ânsia de novidades que o que é extraordinário em todos suscita e nos obriga a inquirir das suas causas. Em tais casos, a obrigação do investigador da Natureza para com o público será prestar contas dos conhecimentos que a observação e a pesquisa lhe possam proporcionar. Pela parte que me toca, renuncio à honra da satisfação integral desse dever e cedo-a a quem, caso surja, se possa gabar de haver perscrutado minuciosamente o interior da Terra. As minhas reflexões serão meramente esquemáticas, ou, para me exprimir com clareza, vão abranger tudo o que de provável se pode até agora dizer sobre o assunto, mas não, seguramente, o suficiente para satisfazer o rigor daquele juízo que tudo submete à pedra-de-toque da certeza matemática. Vivemos tranquilos sobre um solo cujos alicerces são, por vezes, abalados. Construímos despreocupadamente sobre abóbadas cujos pilares, volta e meia, vacilam e ameaçam ruir. Inconscientes de um destino que talvez não esteja assim tão distante de nós, entregamo-nos à compaixão, em lugar do medo, quando vemos a destruição que a fatalidade emboscada sob os nossos pés semeia na vizinhança. Será, sem dúvida, por graça da Providência que permanecemos intocados pelo terror de um destino que preocupação nenhuma da nossa parte poderia, de alguma forma, impedir, não agravando assim os nossos males reais com o temor daqueles que sabemos possíveis.

O que, em primeiro lugar, merece a nossa atenção é que o solo sobre o qual nos encontramos é oco e as suas abóbadas estendem-se, de uma forma quase contínua, ao longo de vastas regiões, incluindo o fundo do mar. Não vou citar, a este propósito, nenhum exemplo da História. Não é minha intenção apresentar uma História dos terramotos. O barulho tremendo, semelhante ao bramir de um ciclone subterrâneo ou ao rolar de um veículo de carga numa calçada de pedra, que acompanha muitos tremores de terra, aliado ao efeito que estes simultaneamente exercem em regiões tão afastadas entre si como a Islândia e Lisboa – as quais, apesar de separadas por um mar de mais de 450 milhas alemãs, foram no mesmo dia vítimas de abalos sísmicos – são fenómenos que parecem confirmar inequivocamente a existência de uma interligação entre as abóbadas subterrâneas.

Ser-me-ia necessário recuar, na história do nosso planeta, até ao caos para conseguir dizer algo de compreensível acerca das causas que, no decurso da formação da Terra, determinaram a origem destas galerias. Essas explicações assumem, contudo, um aspeto demasiado fantasioso, quando não podemos inscrevê-las no quadro geral das razões que atestam a sua credibilidade. Independentemente, porém, de qual seja a causa, o que é certo é que o sentido destas galerias é paralelo ao das montanhas e, por uma conexão natural, também ao dos grandes rios, uma vez que estes ocupam a parte mais profunda de longos vales circunscritos de ambos os lados por montanhas paralelas. Ora, essa direção é precisamente aquela em que os tremores de terra preferencialmente se propagam. Nos terramotos que se estenderam pela maior parte da Itália, notou-se que os candelabros das igrejas acusavam um movimento de norte para quase exatamente sul; este último terramoto seguiu de oeste para leste, que é também a direção predominante das montanhas que atravessam a zona mais alta da Europa.

Se, em situações tão adversas, é permitido ao homem usar de alguma cautela, se, face a tão generalizados tormentos, não se considera um esforço temerário e vão propor algumas medidas preventivas que a razão nos oferece, não deveriam então as desoladoras ruínas de Lisboa fazer reponderar o projeto de reconstruir a cidade de novo na longitudinal do mesmo rio, que descreve a direção em que os tremores de terra nessa região naturalmente têm de acontecer? Gentil testemunha que, quando uma cidade é abalada a todo o comprimento por um terramoto que segue nessa mesma direção, todas as casas se desmoronam, ao passo que, quando a direção do abalo segue a da largura, a maior parte das casas mantém-se de pé. A razão é clara. A oscilação do solo desloca os edifícios da posição vertical. Ora, se uma fileira de edifícios começa a abanar desta forma, de leste para oeste, cada um deles não se limita já a suportar o seu peso individual, pois os situados a leste empurram, ao mesmo tempo, os do lado oeste, fazendo-os infalivelmente tombar uns sobre os outros; ao passo que, se a movimentação se der num sentido perpendicular ao anterior, em que cada edifício apenas tem de sustentar o seu próprio equilíbrio, os danos serão, em circunstâncias análogas, necessariamente menores. A tragédia de Lisboa parece, pois, ter sido agravada pela localização da cidade, construída na longitudinal do Tejo. Daí que, tendo em conta estas razões, nenhuma cidade de um país por diversas vezes vítima de tremores de terra, cuja direção seja possível determinar a partir da experiência, devesse ser construída em direção paralela à que estes seguem. Só que, em situações desta natureza, a maioria das pessoas é de opinião totalmente diferente. Porque o pavor lhes rouba a capacidade de reflexão, julgam ver, nestes casos de desgraça tão generalizada, um mal de tipo completamente diferente daqueles contra os quais é lícito tomar precauções, imaginando então que podem suavizar a dureza do destino se se submeterem cega e resignadamente aos favores e desfavores do Céu.

A linha principal do terramoto segue na direção das montanhas mais altas, sendo por isso predominantemente atingidas as terras que lhes estão próximas, e sobretudo quando estejam limitadas por duas filas de montanhas, caso em que se verifica uma conjugação de abalos de ambos os lados. Numa terra de planície, que não esteja ligada a cadeias montanhosas, os sismos são mais raros e mais fracos, daí que o Peru e o Chile sejam, entre todos os países do mundo, dos mais frequentemente sujeitos a tremores de terra. Mas aí observa-se o cuidado de só construir casas com um máximo de dois andares, dos quais apenas o primeiro tem paredes, sendo o segundo feito de canas e madeira leve, para que ninguém morra esmagado debaixo dele. Acrescente-se ainda que a Itália e até mesmo a ilha da Islândia, parcialmente situada na zona glaciar, assim como outras regiões altas da Europa, comprovam igualmente esta correlação. O terramoto que, no passado mês de dezembro, entre o cair da noite e a manhã, se propagou pela França, Suíça, Suábia, Tirol e Berna seguiu predominantemente o rumo das regiões mais elevadas desta parte do mundo. Sabe-se, no entanto, que todas as principais montanhas dão origem a montes menores perpendiculares. Também nestes se vai progressivamente disseminando a combustão subterrânea que, após haver alcançado as regiões mais altas das montanhas suíças, se comunica igualmente às cavernas que, acompanhando paralelamente a linha do Reno, se prolongam até à Baixa Alemanha. A que se deverá então esta lei, segundo a qual a Natureza associou os terramotos sobretudo às regiões altas? Se é manifesto que estes tremores de terra têm origem numa combustão subterrânea, podemos facilmente concluir que, sendo as cavernas mais extensas em zonas montanhosas, a exalação de vapores inflamáveis se dará nelas com maior liberdade, e a junção destes com o ar encerrado nas regiões subterrâneas, sempre indispensável à combustão, processar-se-á igualmente com menos entraves. Neste aspeto, o conhecimento da natureza interna do solo terrestre, até ao ponto em que ao homem é permitido descobri-la, ensina-nos que as camadas em regiões montanhosas se encontram a muito maior profundidade do que nas zonas planas, e daí que as primeiras sejam mais sensíveis aos abalos do que as segundas. Caso, então, alguém perguntasse se a nossa pátria também tem razões para temer esta calamidade, eu, se tivesse por missão pregar a moralização dos costumes, deixaria a questão do temor – em virtude da impossibilidade geral de se chegar a acordo sobre este ponto – ao critério particular de cada um. Posto porém que, entre os motivos que podem incitar à devoção, os derivados do terramoto são seguramente os mais fracos, e o meu único propósito é aduzir razões físicas como matéria de conjetura, facilmente se poderá concluir que, sendo a Prússia não apenas um país sem montanhas como, melhor ainda, o prolongamento de uma região quase inteiramente plana, temos motivos acrescidos para confiar em que as disposições da Providência nos permitem ter esperança no contrário.

Eis-nos chegados ao momento de dizer algo acerca das causas dos terramotos.

Não é difícil, para um investigador da Natureza, simular os seus fenómenos. Peguemos em 25 libras de limalha de ferro, noutras tantas de enxofre, e misturemo-las com água vulgar. Em seguida, enterremos esta massa a um pé ou pé e meio de profundidade e calquemos bem a terra que a cobre. Decorridas algumas horas, poderemos observar a libertação de um fumo espesso, a terra estremecerá e chamas irromperão do solo. Não há que duvidar que as duas primeiras matérias se encontram frequentemente no interior da terra e a água que se infiltra pelas fendas e frinchas das rochas pode pô-las em fermentação. Com uma segunda experiência, podemos produzir vapores inflamáveis a partir de uma mistura de matérias frias que entram espontaneamente em combustão. Se adicionarmos cerca de uma dracma de vitríolo a quatro dracmas de água vulgar e as vertermos sobre uma dracma de limalha de ferro, produzir-se-á uma forte efervescência acompanhada de vapores que entram em combustão espontânea. E quem duvida de que no interior da Terra existem ácidos vitriólicos e fragmentos de ferro em abundância? Assim que a água os atinge e desencadeia a sua mútua reação, expelem vapores que, ao procurar expandir-se, revolvem o solo e irrompem em chamas pelas crateras dos vulcões.

Já há muito se observou que uma região se vê livre de violentos tremores de terra quando, nas suas imediações, irrompe uma montanha vulcânica, através da qual os vapores conseguem encontrar saída. Sabe-se também que, em Nápoles, os terramotos são muito mais frequentes e assustadores se o Vesúvio tiver estado durante longo tempo inativo. É assim que o que nos causa susto se revela muitas vezes benéfico, o que nos permite concluir que, se acaso surgisse um vulcão nas montanhas de Portugal, isso poderia ser um sinal de que o risco de calamidade se ia tornando, pouco a pouco, mais remoto.

A impetuosa agitação das águas que, nesse fatídico Dia de Todos os Santos, se observou em tantas costas marítimas foi o que de mais singular este acontecimento nos ofereceu como matéria de espanto e investigação. É do conhecimento comum que os terramotos se estendem ao subsolo marítimo e sacodem os navios com violência idêntica à que estes experimentariam se estivessem em terra firme. Acontece que, nas zonas em que as águas entraram em ebulição, pelo menos a uma distância razoável da costa, não foi detetado qualquer sinal de terramoto. Todavia, esta agitação das águas não é totalmente inédita. No ano de 1692, por ocasião de um terramoto que atingiu quase o mundo inteiro, verificou-se o mesmo nas costas da Holanda, Inglaterra e Alemanha.

Presumo que muitos se inclinem – e não, na verdade, sem fundamento – a ver nesta ebulição das águas o prolongamento da agitação que o mar da costa portuguesa sofreu com o impacto direto do terramoto. Mas esta explicação parece colocar, logo de entrada, algumas dificuldades. Compreendo bem que, numa matéria líquida, uma pressão desse género tenha de se fazer sentir através de toda a sua massa; mas como poderia a pressão do mar português, depois de se haver expandido por centenas de milhas, provocar ainda uma elevação de alguns pés nas águas de Glückstadt e Husum? Não dá ideia de que teriam de se ter erguido lá montanhas de água a tocar no céu para que aqui se levantasse uma ondulação quase impercetível? A isso respondo que existe uma dupla maneira de toda a massa de uma substância líquida ser posta em movimento por ação de uma causa situada em determinado lugar: ou através do movimento baloiçante de subir e descer, isto é, de uma forma ondulatória, ou através de uma pressão súbita que sacode a massa de água no seu interior e a impele como a um corpo sólido, sem lhe dar tempo de se esquivar à pressão por meio de uma efervescência tumultuosa, e assim disseminar gradualmente o seu movimento. A primeira hipótese é, sem dúvida, insuficiente para explicar o fenómeno em questão, mas, já no que toca à segunda, a situação é diferente: se considerarmos, com efeito, que a água resiste, à semelhança de um corpo sólido, a uma pressão súbita e violenta, e que essa compressão se expande para os lados com a mesma impetuosidade que impede que as águas adjacentes tenham tempo para se erguer acima da horizontal; se considerarmos também, por exemplo, a experiência de Carré na segunda parte dos Ensaios de Física da Academia das Ciências, p. 549, em que este disparou uma bala contra uma caixa cheia de água, feita de tábuas com duas polegadas de espessura, e o impacto exerceu tamanha pressão sobre a água que a caixa saltou em mil e um pedaços; se tivermos tudo isto em conta, dizia, poderemos ter uma noção de como se processa este tipo de movimentação das águas. Imaginemos, por exemplo, que toda a costa ocidental de Portugal e Espanha, desde o Cabo de S. Vicente até ao Cabo Finisterra, tinha sido atingida por um abalo numa extensão de cerca de 100 milhas alemãs, e que esse abalo se tinha alargado ao mar, para ocidente, numa área de idêntica superfície. Se isso acontecesse, veríamos 10 mil milhas quadradas alemãs do fundo do mar convulsionadas por um súbito tremor, cuja velocidade não sobrestimaríamos se a equiparássemos ao movimento desencadeado por uma mina de pólvora que projetasse os corpos que nela se encontrassem a uma altura de 15 pés, sendo, por conseguinte, capaz (de acordo com os princípios da mecânica) de percorrer 30 pés num segundo. A água oporia tal resistência a esta súbita agitação que, contrariamente ao que sucede em movimentações lentas, não cederia e não se encresparia em ondas. Em vez disso, absorveria toda a pressão e impeliria as águas circunjacentes para os lados com idêntica força, as quais, numa compressão tão repentina, devem ser vistas como um corpo sólido cuja extremidade mais distante terá uma velocidade de propulsão exatamente análoga àquela com que na outra é impelido. Assim sendo, não se verificaria qualquer decréscimo de movimento em nenhuma faixa de matéria líquida (se me é permitido usar esta expressão), tivesse ela 200 ou 300 milhas de extensão, desde que a imaginássemos encerrada num canal com uma abertura idêntica em ambos os lados. Só se a abertura do segundo extremo fosse mais ampla do que a do primeiro é que o movimento da água que a atravessa diminuiria na proporção inversa dessa diferença.

Aqui chegados, temos, porém, de imaginar a continuação do movimento da água em nosso redor como um círculo que se vai progressivamente alargando à medida que aumenta a distância do seu ponto central, e em cujo perímetro a intensidade do fluxo de água é proporcionalmente reduzida. É por isso que na costa do Holstein, situada a cerca de 300 milhas alemãs do presumível epicentro do terramoto, o movimento das águas é seis vezes inferior ao que se regista na costa portuguesa, a qual, segundo se calcula, distará cerca de 50 milhas desse preciso ponto. O movimento das águas nas costas do Holstein e da Dinamarca será, pois, ainda suficientemente forte para percorrer cinco pés num segundo, um ímpeto equivalente ao de uma corrente muito rápida. Poder-se-ia aqui objetar que o avanço da pressão das águas no Mar do Norte só se poderia ter dado através do canal junto a Calais, onde o abalo, na medida em que se propagou num vasto mar, tem de ter enfraquecido extraordinariamente. Todavia, quando se considera que a pressão das águas entre as costas francesa e inglesa, antes de alcançarem o canal, teria de ter aumentado, pela compressão entre esses dois países, no mesmo grau em que posteriormente diminuiu ao expandir-se, verifica-se que não é possível extrair grandes conclusões das consequências do tremor de terra na citada costa do Holstein.

O mais surpreendente nesta compressão das águas é o facto de esta se ter feito sentir mesmo em lagos sem qualquer ligação visível com o mar, como sucede em Templin e na Noruega. Esta será, com toda a probabilidade, a prova mais concludente até hoje apresentada da comunicação subterrânea entre as águas mediterrânicas e o oceano. Para nos desembaraçarmos da dificuldade que perante isto se pode colocar, e que se prende com a questão do equilíbrio, temos de imaginar que as águas de um lago correm efetivamente pelos canais através dos quais este comunica com o mar, num movimento sempre descendente, em virtude da sua estreiteza, e que a perda de água que por este meio ocorre é compensada pelos regatos e rios que neles desaguam, razão pela qual esse escoamento acaba por não se notar.

Apesar da raridade desta situação, convém evitar os juízos prematuros, pois não é, na verdade, impossível que a agitação dos lagos interiores se possa também dever a outros motivos. O ar subterrâneo, posto em movimento pela erupção do fogo enraivecido, podia muito bem ter-se infiltrado através das fendas das camadas terrestres, camadas essas que, à exceção desse escape forçado, lhe vedam toda a passagem. Ora a Natureza só pouco a pouco se desvenda, daí que não devamos, na nossa impaciência e com as nossas fantasias, tentar arrancar-lhe à força o que nos é ocultado, mas antes aguardar que ela, nas suas manifestações, nos revele clara e inequivocamente os seus segredos.

A causa do terramoto parece estender os seus efeitos até à atmosfera. Em frequentes ocasiões, algumas horas antes de a terra ser abalada, foi possível observar um céu vermelho e outros sinais indicativos de uma alteração das condições atmosféricas. Pouco tempo antes dos terramotos, os animais mostram-se apavorados. Os pássaros procuram refúgio nas casas, os ratos e ratazanas rastejam para fora das suas tocas. Nesse momento, surge infalivelmente o vapor quente, em vias de se inflamar, que irrompe pela abóbada superior da Terra. Prefiro nem pensar nas consequências que comporta. Serão, no mínimo, muito pouco agradáveis para o investigador da Natureza, pois que esperança pode ele ter de desocultar as leis segundo as quais as alterações da camada atmosférica se vão sucedendo, quando aos efeitos desta se mistura uma atmosfera subterrânea? E poderá haver alguma dúvida de que este fenómeno não deve ser muito frequente, pois então como se compreenderia que, na mudança de condições atmosféricas, e tendo em conta que as suas causas são em parte constantes, em parte periódicas, não se verifique qualquer recorrência dos citados efeitos?

Nota: a data do terramoto na Islândia, atrás indicada como 1 de novembro, deve ser corrigida para 11 de setembro, em conformidade com o fragmento 199 da Correspondência de Hamburgo.

As presentes considerações devem ser vistas como um exercício reflexivo preliminar sobre esse incontornável fenómeno natural que marcou a nossa época. A importância, bem como as múltiplas particularidades deste acontecimento, impelem-me a escrever um relato pormenorizado do terramoto, da sua propagação a outros países da Europa e dos aspetos curiosos de que se revestiu. Desta história e das reflexões que, a este propósito, se podem fazer darei parte ao público num minucioso ensaio, a ser editado, dentro de alguns dias, pela Tipografia Real da Corte e da Academia.

HISTÓRIA E DESCRIÇÃO NATURAL DOS ESTRANHOS FENÓMENOS RELACIONADOS COM O TERRAMOTO QUE, NO FINAL DO ANO DE 1755, ABALOU UMA GRANDE PARTE DA TERRA

Não terá sido em vão que a Natureza espalhou por toda a parte um tesouro de raridades dignas da nossa reflexão e admiração. O ser humano, a quem foi confiado o governo da Terra, não só é dotado do poder como da vontade de as conhecer, e exalta o Criador com a sua inteligência. Mesmo os mais terríveis instrumentos de martirização do género humano, caso dos tremores de terra, dos mares enfurecidos pelos abalos no seu solo e das montanhas vulcânicas, desafiam a nossa capacidade reflexiva e não são menos obra de Deus – enquanto consequência direta de leis eternas inscritas na Natureza – do que outras já habituais causas de moléstia, que só consideramos mais naturais por com elas estarmos mais familiarizados.

A meditação sobre estes funestos acidentes é plena de ensinamentos. Constitui uma humilhação para o homem na medida em que o faz ver que não tem qualquer direito ou, pelo menos, se o tinha, já o perdeu, a esperar das leis da Natureza, decretadas por Deus, consequências puramente benéficas; e talvez por essa via o leve igualmente a compreender que esta arena de desejos não pode ser a derradeira meta de todas as suas aspirações.

Explicação preliminar da natureza do solo terrestre no seu interior

Conhecemos razoavelmente bem a superfície da Terra no que toca à sua extensão. Só que temos ainda um mundo sob os nossos pés, com o qual estamos muito pouco familiarizados. As fendas das montanhas, que abrem às nossas sondas abismos impenetráveis, as cavernas que encontramos no interior dessas montanhas, os poços mais fundos das minas que desde há séculos alargamos, não são, nem de longe, suficientes para nos proporcionar conhecimentos claros acerca da estrutura interna deste grande torrão em que habitamos.

A maior profundidade a que os homens já desceram a partir da superfície da terra firme não atinge ainda as 500 braças, ou seja, não perfaz um sexto da milésima parte da distância que vai até ao centro da Terra e, apesar disso, essas cavidades encontram-se ainda nas montanhas, e a própria terra firme é, toda ela, uma montanha na qual, para alcançar tão-só o nível do fundo do mar, seria preciso descer a uma profundidade pelo menos três vezes maior.

Todavia, aquilo que a Natureza oculta aos nossos olhos a experiência imediata desvenda-o, ela mesma, através das suas consequências. Os terramotos revelaram-nos que a superfície da Terra está cheia de abóbadas e cavernas e que, por toda a parte, sob os nossos pés, se escondem minas com múltiplos labirintos. A sequência da história dos terramotos demonstrá-lo-á inequivocamente. É de supor que a origem destas cavernas seja precisamente a mesma do atual leito do mar, pois o certo é que, se soubermos algo acerca dos vestígios que o oceano nos deixou da sua primitiva estadia sobre a terra, como os inumeráveis montes de conchas descobertos até no interior das montanhas e os animais fossilizados que se encontram nas profundezas dos poços, fácil será concluir que o mar, outrora, começou por cobrir todo o planeta, que essa situação se prolongou durante muito tempo, sendo anterior ao dilúvio, e que, finalmente, teria sido impossível as águas retirarem-se se o solo não se tivesse de vez em quando afundado em enormes covas, formando profundas baías para onde a água afluiu e entre cujas margens se encontra ainda limitada. Enquanto isso, as zonas elevadas à volta dessas depressões converteram-se em terra firme, toda ela esventrada por cavernas subterrâneas e semeada de cumes escarpados que, com o nome de montanhas, atravessam a parte mais alta da terra firme, em todas as direções por onde esta extensamente se prolonga.

Estas cavernas contêm, todas elas, um fogo ardente ou, pelo menos, aquele tipo de matéria inflamável que apenas necessita de um pequeno estímulo para incendiar violentamente tudo o que a rodeia e abalar ou fender o solo que a cobre.

Se considerarmos toda a amplitude da zona que este fogo subterrâneo alcança, teremos de reconhecer que poucas regiões haverá que não lhe tenham, até hoje, sentido os efeitos. No extremo norte, a ilha da Islândia tem, e não raras vezes, estado sujeita aos ataques mais violentos. A Inglaterra, e até mesmo a Suécia, já sofreram alguns pequenos abalos. É, todavia, nos países do Sul – refiro-me àqueles que estão mais perto do equador – que os abalos são mais fortes e frequentes. A Itália e as ilhas de todos os mares próximos da linha do hemisfério, principalmente as do Oceano Índico, são frequentemente acometidas desta convulsão do seu solo. Entre estas últimas, não há praticamente nenhuma que não tenha uma montanha vulcânica ainda ocasionalmente ativa ou que, pelo menos, o não tivesse anteriormente estado, mas nem por isso têm sido mais poupadas aos terramotos. Refira-se neste ponto – e a acreditar em Hübner – a precaução sensata dos holandeses que, para evitar o risco de as valiosas especiarias da noz-moscada e do cravinho, cujo cultivo autorizam exclusivamente nas ilhas Banda e Ambon, serem extintas da face da Terra, caso alguma delas tivesse a infelicidade de ser completamente submersa devido a um terramoto, decidiram manter sempre uma plantação alternativa de ambas numa outra ilha bem distante. O Peru e o Chile, que estão muito próximos da linha do equador, viram-se a braços com este flagelo mais vezes do que qualquer outro país do mundo. No Peru, com efeito, quase não se passa um dia sem que a terra trema um pouco. Não se julgue, porém, que tal se deve à ação que o calor do sol, muito mais intenso nessas regiões, exerce sobre o solo. Numa cave a abeirar os 40 pés de profundidade, mal se nota a diferença entre verão e inverno. Da mesma forma, tão-pouco é possível ao calor do sol penetrar a grande profundidade no solo, de modo a atrair a matéria inflamável e pô-la em movimento. Em vez disso, os terramotos serão antes determinados pelas condições das cavidades subterrâneas, e estas pelas leis que terão ditado os primitivos afundamentos da camada superior da crusta terrestre – afundamentos esses que, quanto mais próximos da linha do hemisfério, mais profundas e variadas depressões terão produzido, pelo que estas minas, onde se encontra a acendalha dos terramotos, serão mais extensas e, consequentemente, mais apropriadas para espoletar a ignição.

Esta condição prévia das galerias subterrâneas revelar-se-á extremamente importante para a compreensão do que a seguir se dirá, não só acerca da propagação dos terramotos por vastas regiões, como da linha por eles seguida, dos lugares que mais frequentemente flagelam e daqueles de onde inicialmente partem.

Vou agora dar início à história do terramoto propriamente dita. Não entendo por «história» nenhuma descrição dos infortúnios por ele gerados, nenhuma lista das cidades destruídas ou dos seus habitantes soterrados nos escombros. Só recorrendo a tudo o que de mais terrível a nossa imaginação possa conceber se poderá, até certo ponto, imaginar o pavor que os homens certamente experimentam quando a terra começa a tremer sob os seus pés, quando tudo em seu redor se desmorona, quando um mar revolvido no seu leito completa a tragédia com enormes inundações, quando o medo da morte, o desespero pela perda completa de todos os bens e, para rematar, a contemplação de todas as desgraças alheias, conseguem destroçar até mesmo o ânimo mais inquebrantável. Uma tal narrativa seria, sem dúvida, comovente e, por tocar o coração, talvez pudesse contribuir para melhorá-lo. Deixo, porém, essa tarefa para mãos mais dotadas do que as minhas. Limitar-me-ei, por conseguinte, a descrever o trabalho da Natureza, as peculiares circunstâncias naturais em que se deu o fatídico acontecimento e as causas que o terão produzido.

Dos prenúncios do último terramoto

O prelúdio da combustão subterrânea, que tão catastrófica se viria a revelar, terá sido o fenómeno atmosférico observado em Locarno, na Suíça, pelas 8 da manhã do dia 14 de outubro do ano transato. Foi nessa altura que um vapor mais quente que o de um forno se espalhou pelo ar e, ao cabo de duas horas, se converteu numa neblina vermelha, a qual, ao cair da tarde, se derramou numa chuva cor de sangue que, por todo o lado, deixou um sedimento (correspondente a $\frac{1}{9}$ do líquido) viscoso e avermelhado. A neve, com seis pés de altura, estava igualmente vermelha. Esta chuva púrpura foi observada numa área de 40 léguas, mais ou menos o equivalente ao quadrado de 20 milhas alemãs, tendo chegado inclusivamente à Suábia. A este fenómeno atmosférico seguiram-se aguaceiros fora do normal e, em três dias, a água atingiu um nível de 23 polegadas, o que ultrapassa a pluviosidade de uma região de clima medianamente húmido ao longo de um ano inteiro. Esta chuva durou mais de 14 dias, embora nem sempre com a mesma intensidade. Os rios da Lombardia, que nascem nas montanhas suíças, engrossaram o caudal, à semelhança do Ródano, e transbordaram para as margens. A partir desse momento, os ares foram dominados por terríveis furacões que tudo varriam à sua passagem. Ainda em meados de novembro, Ulm conheceu também uma chuva púrpura idêntica, e a desordem atmosférica, os ciclones na Itália, o tempo extremamente húmido, prosseguiram o seu curso.

Se quisermos fazer uma ideia das causas destes fenómenos e das suas consequências, temos de atentar na natureza do solo das regiões em que ocorreram. As montanhas suíças escondem vastos abismos que estão, sem dúvida, ligados às mais profundas galerias subterrâneas. Scheuzer contou perto de 20 gargantas de onde, em determinadas alturas, sopram ventos.

Se supusermos agora que as substâncias minerais ocultas no interior destas cavernas entram em contacto com substâncias líquidas que as põem em efervescência e, por via disso, num estado de fermentação interior suscetível de criar as condições propícias àquela inflamação das matérias combustíveis que, no espaço de alguns dias, irromperá em toda a sua fúria; se pensarmos, por exemplo, como aquele ácido que se introduz no nitrato de sódio, e que a própria Natureza necessariamente produz, uma vez posto em movimento, quer pelo afluxo de água quer por quaisquer outras causas, ataca a terra ferrosa em que cai, não será difícil de ver que todas estas matérias misturadas vão aquecer e expelir um vapor quente vermelho pelas fendas das montanhas, após o que, no calor da ebulição, as partículas de terra ferrosa vermelha serão simultaneamente incorporadas e arrastadas, dando assim origem àquela chuva viscosa cor de sangue de que atrás falámos. A natureza desses vapores caracteriza-se pelo facto de restringirem o poder de distensão do ar e, precisamente por isso, induzirem a confluência dos vapores de água nele suspensos, bem como, mediante a atração de todas as nuvens carregadas que pairam nas imediações – por força da inclinação natural para a zona em que a altura das colunas de ar diminui – darem origem a esses copiosos e persistentes aguaceiros registados nos locais atrás mencionados.

Terá sido deste modo, através desta exalação de vapores, que a fermentação subterrânea anunciou a calamidade que se ia silenciosamente preparando. A consumação da fatalidade seguiu-se-lhe a passos lentos, dado que uma fermentação não rebenta de imediato em labaredas. Para que a combustão se inicie, as matérias fermentantes e aquecidas têm de entrar, de alguma forma, em contacto com um óleo inflamável, com enxofre, betume, ou qualquer outra substância semelhante. Enquanto isso, vão-se registando ocasionais aumentos de temperatura nas galerias subterrâneas, e é no momento em que as matérias inflamáveis, dissolvidas em mistura com as outras, atingem o ponto de combustão que as abóbadas da Terra são sacudidas e a fatalidade do destino inexoravelmente se cumpre.

O terramoto e o maremoto do 1.º de Novembro de 1755

O momento que, com maior precisão, se pode apontar para esta catástrofe parece ser as 9h50 da manhã em Lisboa, o que coincide exatamente com a hora a que o abalo terá sido sentido em Madrid, ou seja, entre os 17 e os 18 minutos depois das 10, se convertermos em diferença horária a diferença de longitude entre as duas cidades. Nesse mesmo instante, e numa superfície espantosamente extensa, as águas entraram em turbilhão, quer as que comunicam diretamente com os oceanos quer aquelas que o fazem de uma forma menos óbvia. De Abo, na Finlândia, até ao arquipélago das Índias Ocidentais, poucas ou nenhumas linhas costeiras terão escapado a este abalo, que convulsionou, quase em simultâneo, uma área de 1500 milhas marítimas. Se tivéssemos a certeza de que a hora a que este abalo ocorreu foi efetivamente aquela a que, segundo as notícias vindas a público, se terá feito sentir em Glückstadt, na margem do Elba, ou seja, exatamente às 11h30, poderíamos daí concluir que a movimentação das águas terá levado 15 minutos a comunicar-se desde Lisboa até à costa do Holstein. Justamente a essa hora, foi igualmente observada em todas as costas do Mediterrâneo, e ainda agora se desconhece até que ponto se terá propagado.

As águas aparentemente confinadas à terra, isto é, sem qualquer ligação visível com o mar, como é o caso dos poços e dos lagos, também se mostraram, ao mesmo tempo e em terras muito distantes umas das outras, extraordinariamente agitadas. A maioria dos lagos da Suíça, o lago de Templin, em Mark, assim como alguns lagos da Noruega e da Suécia, entraram numa agitação efervescente, muito mais violenta e desordenada do que numa tempestade, mas o ar manteve-se paradoxalmente calmo. O lago em Neuchâtel, a acreditar nas notícias, ter-se-á escoado por fendas ocultas, e o mesmo aconteceu ao de Meinigen, o qual, porém, depressa regressou ao normal. Justamente nessa altura, também a água mineral de Töplitz, na Boémia, se sumiu bruscamente, tendo regressado vermelha cor de sangue. A violência com que a água fora impelida havia alargado os canais por onde habitualmente corria e o seu fluxo tornou-se, assim, mais abundante. Mas, se os habitantes dessa cidade tiveram, por isso, boas razões para cantar o *Te Deum laudamus*, já em Lisboa a música era bem diferente. São estes os acasos da vida, a que o género humano não pode escapar. A alegria de uns e a infelicidade de outros têm muitas vezes uma origem comum. No reino de Fez, em África, uma força subterrânea fendeu uma montanha e das suas entranhas brotou uma torrente vermelha cor de sangue. Próximo de Angoulême, em França, ouviu-se um estrondo subterrâneo e um profundo fosso, contendo uma água misteriosa, abriu-se em plena planície. Em Gémenos, na Provença, uma fonte tornou-se subitamente lamacenta e passou a deitar água vermelha. As regiões vizinhas deram conta de fenómenos semelhantes. Tudo isto aconteceu nos exatos minutos em que o terramoto flagelou a costa portuguesa. Nesse curto espaço de tempo, também em terras muito distantes se registaram sucessivos abalos, só que ocorreram quase todos bem junto à costa. Em Cork, na Irlanda, assim como em Glückstadt e nalguns outros locais junto ao mar, sentiram-se leves estremecimentos. Milão terá sido, talvez, o sítio mais afastado da costa marítima em que, nesse mesmo dia, a terra tremeu. E, justamente nessa manhã, por volta das 8h, perto de Nápoles, o Vesúvio entrou também em erupção. Já se tinha, porém, acalmado na altura em que o terramoto sacudiu Portugal.

Reflexões acerca da causa deste maremoto

A História não nos oferece nenhum outro exemplo de um sismo tão generalizado que, num espaço de poucos minutos, tenha revolucionado simultaneamente as águas e uma grande parte da Terra. Convém, pois, usar de cautela se pretendemos inferir a causa de um acontecimento totalmente inédito. Podemos pensar, nomeadamente, nas seguintes causas possíveis para este fenómeno natural de que aqui nos ocupamos: em primeiro lugar, um abalo geral do leito marítimo diretamente por baixo daqueles locais onde o mar entrou em turbilhão e, assim sendo, teríamos de indicar o motivo pelo qual a girândola de fogo que provocou estes terramotos apenas percorreu o fundo dos mares, sem se estender às terras que lhes estavam mais próximas e que muitas vezes interrompem a sua ligação. Ficaríamos, todavia, embaraçados se nos perguntassem por que razão o tremor de terra, que se propagou de Glückstadt, no Mar do Norte, até Lübeck, no Mar Báltico, e à costa de Mecklemburgo, não foi igualmente sentido no Holstein, que se situa bem no meio destes dois mares e onde somente se terá registado um leve estremecimento junto à costa, mas nada no interior. O mais compreensível, porém, será que nos deixemos convencer pela ebulição das águas distantes do mar, como as do lago junto a Templin e as dos lagos da Suíça, entre outras. Podemos facilmente admitir que, para haver provocado tamanha turbulência das águas, o tremor do solo tem de ter sido de uma magnitude considerável. Mas como se explica que esse violento abanão não tenha sido sentido em todas as regiões circunjacentes, sob as quais, no entanto, a girândola de fogo tem de ter forçosamente passado? Facilmente se vê que todas as evidências apontam para a invalidade desta hipótese. Um abalo que, por via de um forte impacto num determinado local, tivesse amolgado a massa densa da própria terra circundante – da mesma forma que o solo estremece a alguma distância quando um paiol vai pelos ares – revela-se, neste caso concreto, absolutamente improvável, tanto pelo motivo já apresentado, como em virtude da enorme amplitude da zona atingida, a qual, se comparada com a extensão da Terra inteira, terá representado uma fração tão significativa desta que o seu abalo teria necessariamente de provocar um estremecimento de todo o globo. Buffon, no entanto, diz-nos que uma erupção de fogo subterrâneo capaz de projetar para o alto, a uma milha de distância, uma montanha de 1700 milhas de altura por 40 de sopé, não conseguiria deslocar o globo terrestre uma polegada que fosse.

Temos então de procurar o meio de propagação desta turbulência das águas numa outra matéria mais suscetível de transmitir um estremecimento a grandes distâncias, ou seja, às águas dos mares que comunicam com aquelas que foram súbita e violentamente agitadas por um abalo direto do solo submarino.

Nos semanários de notícias de Königsberg, tentei avaliar a força com que o mar terá sido arremessado, a toda a extensão, pelo impacto do abalo sofrido pelo seu leito, partindo do princípio de que essa área era um simples quadrado cujo lado equivalia à distância entre o Cabo de S. Vicente e o Cabo Finisterra, isto é, ao comprimento da costa ocidental de Portugal e Espanha; e considerei a violência desse impacto idêntica à de uma mina de pólvora cuja explosão fosse capaz de projetar os corpos que nela se encontrassem a uma altura de 15 pés e, de acordo com as regras de transmissão do movimento num meio líquido, pareceu-me que, na costa do Holstein, essa força de impulsão terá sido superior à da mais rápida e impetuosa das correntes. Mas consideremos a questão ainda sob um outro ponto de vista. O Conde Marsigli calculou, com recurso a um fio-de-prumo, que a zona mais funda do Mediterrâneo deve ultrapassar, nalguns pontos, os oito mil pés de profundidade, e é sabido que, a uma certa distância da terra, o oceano é ainda mais profundo. Aqui, porém, interessa-nos supor uma profundidade de apenas seis mil pés, ou seja, mil braças. Sabemos que a pressão exercida sobre o fundo do mar por uma coluna de água dessa dimensão deve ser quase 200 vezes superior à pressão atmosférica, e ultrapassa ainda largamente a força de arremesso de uma bala de canhão, disparada a uma distância de 100 toesas, no espaço de uma pulsação. Esse peso espantoso não terá sido, todavia, suficiente para travar a violência com que o fundo do mar se viu inesperadamente impelido para o alto pela ação do fogo subterrâneo, o que significa que essa força propulsora se mostrou mais poderosa do que a pressão. Que pressão terá então sido necessária para que a água se precipitasse de súbito para os lados? E será realmente de espantar que, num espaço de poucos minutos, esta movimentação tenha sido simultaneamente sentida na Finlândia e nas Índias Ocidentais? Não temos qualquer meio de calcular qual terá sido a verdadeira dimensão da superfície diretamente atingida pelo abalo. É provável que tenha sido incomparavelmente maior do que aquilo que supusemos. Mas não nos é certamente possível situá-la no fundo dos mares onde a agitação das águas se produziu sem que se tivesse, todavia, registado qualquer terramoto – como foi o caso nas costas da Holanda, Inglaterra e Noruega e no Mar Báltico. A ter tido origem aí, ter-se-ia forçosamente feito sentir em terra, o que não aconteceu.

Ao atribuir o tumulto de todas as águas ligadas ao oceano a esse único impacto que terá atingido o seu solo numa determinada área, não pretendo com isso negar a efetiva propagação do fogo subterrâneo sob a terra firme de quase todo o continente europeu. Ambos os fenómenos terão, com toda a probabilidade, ocorrido em simultâneo, concorrendo conjuntamente para as manifestações entretanto observadas, o que significa que nem um nem outro pode ser particularmente visto como causa exclusiva de tudo o que se passou. O sismo nas águas do Mar do Norte, que se fez sentir como uma brusca sacudidela, não foi resultado de um violento terramoto subterrâneo. Para produzir semelhante efeito, esses abalos teriam de ter sido extremamente fortes e, por conseguinte, haveriam de se ter, muito visivelmente, repercutido em terra firme.

Na posição em que me encontro, não nego, por isso, a ideia de que a própria terra firme tenha sofrido, toda ela, uma leve oscilação, decorrente quer da força branda dos vapores inflamados no seu subsolo quer de quaisquer outras causas. Podemos ver o caso de Milão, que esteve, nesse dia, sob ameaça de uma derrocada total. Suponhamos, por conseguinte, que a Terra foi posta em movimento moderado, mas suficientemente forte para a sacudir de um lado para o outro, fazendo-a mover-se cerca de uma polegada por cada 100 varas. Esse movimento seria tão impercetível que um edifício de quatro varas de altura não se poderia ter afastado da vertical nem o equivalente à metade de um grão, ou à metade da espessura de uma lâmina, coisa que, mesmo nas torres mais altas, muito dificilmente se notaria. Mas já no mar, em contrapartida, esse movimento quase insensível tinha de se ter feito notar de uma forma bem evidente. Com efeito, se um lago, por exemplo, tiver apenas duas milhas alemãs de comprimento, uma leve oscilação do seu fundo será suficiente para encrespar visivelmente as suas águas, que acusarão uma inclinação de cerca de uma polegada por 14 mil de superfície, e o seu caudal será em quase 50 por cento inferior ao de um rio bem rápido, tal como podemos ver pela observação do Sena, em Paris, no qual alguma agitação foi suficiente para provocar um extraordinário tumulto das águas. Temos, todavia, boas razões para manter a nossa suposição inicial relativamente à magnitude do abalo, mesmo admitindo que tenha podido passar despercebido em terra firme, o que tornará tanto mais compreensível a turbulência dos lagos interiores.

Já não temos, pois, de nos admirar se todos os lagos da Suíça, Suécia, Noruega e Alemanha se mostraram tão agitados e efervescentes sem que, no entanto, se tenha sentido qualquer estremecimento do solo. O que se afigura extraordinário é que, no meio de todo esse tumulto, alguns lagos tenham ficado completamente secos, como aconteceu em Neuchâtel, Como e Meinigen, embora alguns se tenham depois voltado a encher. Tal situação não é, todavia, inédita. São conhecidos casos de outros lagos que, com grande regularidade, se escoam, em certos momentos, por canais ocultos e, a uma dada altura, regressam. O lago Zirknitz, no ducado de Krain, é um exemplo curioso. Tem no seu fundo uns orifícios através dos quais se escoa e, num determinado momento (nunca antes do San'Tiago), desaparece de súbito com todos os seus peixes, para depois, ao cabo de três meses em que o seu leito fica tão enxuto como um belo pasto ou um terreno agrícola, reaparecer, não menos repentinamente, por volta de novembro. Este fenómeno natural pode ser explicado de um modo muito compreensível mediante uma comparação com a diabetes hidráulica. Todavia, nos casos a que aqui nos referimos, e tendo em conta que muitos lagos recebem afluxos provindos de veios de água subterrâneos, podemos facilmente supor que esses mesmos veios, cuja fonte de origem se encontra em encostas circunjacentes, após a ação do aquecimento subterrâneo e da exalação de vapores nas concavidades que constituem o seu suporte aquífero haver aspirado o ar, devem ter sido de novo engolidos através dessas cavidades e exercido, eles próprios, um trabalho de sucção para arrastarem o lago juntamente consigo – lago esse que, uma vez restabelecido o equilíbrio do ar, procurará de novo a sua saída natural. Com efeito, a ideia de que um lago possa ser sustentado por uma ligação subterrânea com o mar, dado não receber qualquer afluxo exterior de um rio – como nos relatos públicos acerca do lago de Meinigen se pretendeu explicar – constitui, tanto em virtude da sua contradição com a lei do equilíbrio, como da salinidade da água marinha, um contrassenso mais do que óbvio.

Os terramotos têm como consequência já habitual o transtorno das nascentes de água. Podia aqui desfiar um longo rol de fontes que deixaram de jorrar ou que irromperam subitamente noutros lugares, de repuxos de água que brotaram da terra e de outros fenómenos semelhantes da história de outros terramotos, mas vou ater-me ao ponto em questão. De França, chegaram-nos notícias de alguns lugares em que as fontes ficaram obstruídas ou desataram a jorrar desmedidamente. O poço de Töplitz começou por secar, deixando os seus pobres habitantes numa enorme inquietação, depois voltou, primeiro lamacento e em seguida cor de sangue, até que, por fim, não só retornou à normalidade como ficou, inclusive, mais abundante do que anteriormente era. A coloração da água em tantos sítios, até mesmo no reino de Fez e em França, ter-se-á devido, em minha opinião, à mistura efervescente dos vapores com enxofre e partículas de ferro, exalada através das camadas de terra por onde as nascentes passam. Quando esses vapores penetram no interior das cisternas onde se situa a origem das fontes, ou impelem a água com maior força para fora ou, empurrando-a noutras direções, modificam o seu curso habitual.

E são estes os aspetos mais curiosos da história do 1.º de Novembro e dessa turbulência das águas, que foi a mais estranha das suas circunstâncias. Estou plenamente convencido de que os tremores de terra que ocorreram junto ao litoral ou em águas que com ele comunicam, em Cork, na Irlanda, em Glückstadt e, ocasionalmente, em Espanha, se terão devido, na sua maioria, justamente a essa pressão das águas comprimidas, cuja força – se multiplicarmos a violência com que se arremessaram pela superfície sobre que se abateram – tem de ter sido incrivelmente grande. E sou de opinião de que a catástrofe de Lisboa, à semelhança, aliás, da da maioria das cidades da costa ocidental da Europa, se terá ficado a dever à sua situação geográfica relativamente à [citada] zona do oceano afetada pelo tumulto das águas, tumulto esse cuja violência, agravada ainda na foz do Tejo pelo estreito de um canal, tinha forçosamente de provocar um tremendo abalo de terra. Podemos efetivamente interrogar-nos se esse abalo – que não foi notado no interior – se teria feito sentir, de um modo tão claro, unicamente em cidades junto à costa, se a pressão das águas não tivesse também desempenhado um importante papel.

A última manifestação deste impressionante fenómeno foi ainda curiosa pelo facto de, decorrido um razoável espaço de tempo – de, aproximadamente, uma hora a hora e meia – após o terramoto, se ter verificado uma assustadora subida do nível do oceano e um levantamento das águas do Tejo, que foram alternando entre uma subida seis pés acima do ponto mais alto da maré e, imediatamente a seguir, uma descida quase tão acentuada como a da maré mais vazia. Este maremoto, ocorrido um bom bocado depois do tremor de terra e da primeira e tremenda pressão das águas, veio também rematar a destruição da cidade de Setúbal, uma vez que o mar, ao lançar-se sobre essa cidade arruinada, varreu por completo o que o terramoto ainda deixara de pé. Se a nossa anterior avaliação da força com que as águas foram arremessadas pela convulsão do solo marítimo estiver correta, facilmente se concluirá que, dada a amplitude da imensa área circundante em que a sua pressão se propagou, o seu recuo só pode ter sido igualmente violento. O momento desse recuo terá dependido da extensão da zona afetada pela turbulência, e a fúria que o caracterizou, particularmente nas costas marítimas, não terá sido certamente inferior àquela com que se deu o avanço.

O terramoto de 18 de novembro

De 17 para 18 desse mesmo mês, houve notícia de um sismo de considerável magnitude, tanto nas costas de Portugal e Espanha como de África. Pelas 12 horas do dia 17, foi sentido em Gibraltar, no estreito do Mediterrâneo, e, ao fim da tarde, em Whitehaven, no Yorkshire, Inglaterra. De 17 para 18, havia já atingido as cidades coloniais inglesas na América. E, ainda no dia 18, foi também fortemente sentido nas regiões de Aquapendente e della Grota, em Itália.

O terramoto de 9 de dezembro

Segundo as notícias vindas a público, o abalo mais violento que Lisboa sofreu após o terramoto do 1.º de Novembro terá sido o de 9 de dezembro desse mesmo ano. Foi sentido desde as costas do sul de Espanha e França até à Baviera, passando pelas montanhas da Suíça, pela Suábia e pelo Tirol. Percorreu cerca de 300 milhas alemãs, de sudeste para noroeste, e, tendo-se detido na direção das montanhas que atravessam longitudinalmente a zona de maior altitude da Europa, já não se propagou muito para os lados. Os geógrafos mais meticulosos, Varen, Buffon, Lulof, fazem notar que, assim como toda a região mais extensa em comprimento do que em largura é atravessada, no sentido longitudinal, por uma grande montanha, também a principal linha montanhosa europeia se estende para ocidente a partir da sua raiz principal, que são os Alpes, passando pela província meridional de França e pelo interior de Espanha, até à costa mais ocidental da Europa – embora exclua, pelo caminho, importantes ramificações – e, seguindo para oriente através das montanhas tirolesas e de outras de menor dimensão, acaba finalmente por se encontrar com as montanhas dos Cárpatos.

Foi esta a direção seguida pelo terramoto nesse mesmo dia. Se fosse possível apontar rigorosamente a hora a que cada região foi abalada, poderíamos, até certo ponto, calcular a velocidade a que se propagou e determinar com probabilidade a zona do início da combustão. Só que as informações de que dispomos são tão pouco coincidentes que não nos podemos fiar nelas.

Já referi, como sabem, que os terramotos, ao propagar-se, seguem na direção das cadeias montanhosas mais altas, abrangendo, com efeito, toda a sua extensão, e isso independentemente do facto de o tamanho das montanhas ir diminuindo à medida que nos aproximamos da costa. A direção dos grandes rios constitui um bom indicativo da direção das cadeias montanhosas, visto que estes correm entre filas paralelas de montanhas, tal como na parte mais profunda de um longo vale. Note-se que esta lei da propagação dos terramotos não é fruto da especulação ou do cálculo, mas sim um facto constatado pela observação de muitos tremores de terra. Basta-nos atentar nos testemunhos de Raj, Buffon, Gentil e outros. Diga-se, aliás, que esta lei tem uma probabilidade intrínseca tão elevada que facilmente se impõe por si própria. Quando pensamos, por exemplo, que as aberturas através das quais o fogo subterrâneo procura saída se encontram apenas nos cumes das montanhas; que nunca foram descobertos abismos vulcânicos nas planícies; que, em regiões onde os terramotos são fortes e frequentes, a maioria das montanhas tem vastas gargantas que vomitam fogo; e que só nas nossas montanhas europeias encontramos vastas cavernas indubitavelmente interligadas – se considerarmos tudo isto e lhe acrescentarmos ainda a hipótese que atrás analisámos relativamente à origem de todas essas galerias subterrâneas, não nos será difícil entender como é sobretudo por debaixo da cadeia de montanhas que atravessa longitudinalmente a Europa que a combustão consegue encontrar caminho livre e aberto para se propagar com muito maior rapidez do que em direção a outras regiões.

Mesmo o prolongamento do terramoto de 18 de novembro, da Europa até à América, por baixo do fundo de um vasto mar, deve ser visto em conexão com as cadeias de montanhas, as quais, não obstante irem progressivamente diminuindo de tamanho até ficarem totalmente submersas pelo mar, nem por isso deixam de ser montanhas, e é sabido que tanto as encontramos no fundo dos oceanos como à superfície da Terra. É também nesta perspetiva que devemos olhar para as ilhas dos Açores: como montanhas a meio caminho entre Portugal e a América.

O terramoto de 26 de dezembro

Depois de ter atingido o principal grupo das montanhas mais altas da Europa, os Alpes, o calor proveniente do aquecimento das matérias minerais abriu também caminho pelas passagens mais estreitas sob as cadeias montanhosas que se prolongam em retângulo de sul para norte e expandiu-se na direção da corrente do Reno, a qual, à semelhança da generalidade dos rios, se estende por um longo vale entre duas fileiras de montanhas, da Suíça até ao Mar do Norte. O tremor de terra atingiu, a oeste do rio, as províncias da Alsácia e da Lorena e as regiões de Colónia, Brabante e Picardia; e, a leste, Cleve, uma parte da Vestefália e ainda, presumivelmente, algumas das terras situadas deste lado do Reno, a que as notícias não fizeram especial referência. O terramoto seguiu claramente em linha paralela à direção deste grande rio, tendo-se propagado, embora num raio pouco amplo, para os lados.

Face ao que atrás dissemos, perguntar-se-á agora como é que o abalo pode ter chegado aos Países Baixos, que não têm, no entanto, nenhuma montanha de dimensão apreciável. Acontece que basta uma região ser contígua a uma determinada cadeia montanhosa – podendo, nessa medida, ser vista como um seu prolongamento – para que a combustão subterrânea se alargue ao seu subsolo, pois é sabido que, nesse caso, também a cadeia de galerias subterrâneas se estenderá por ele fora, do mesmo modo que, como atrás explicámos, percorre o subsolo do fundo do mar.

Dos intervalos que decorrem entre vários terramotos sucessivos

Se considerássemos atentamente a sequência dos sucessivos tremores de terra, poderíamos, se a tal nos abalançássemos, apontar um período em que, após uma pausa, a combustão entrou de novo em atividade. Depois do 1.º de Novembro, Portugal sofreu ainda um abalo muito violento no dia 9 e outro no dia 18, que se propagou igualmente à Inglaterra, Itália, África e, inclusivamente, América. No dia 27, registou-se um forte terramoto na costa sul de Espanha, que incidiu particularmente em Málaga. Desde essa altura, decorreram 13 dias até 9 de dezembro, data em que foi sacudida toda a área que vai de Portugal à Baviera, de sudeste para nordeste. E depois disso, transcorridos que foram 18 dias, mais concretamente de 26 para 27 de dezembro, tremeu a Europa em toda a sua extensão, de sul para norte, de modo que, em termos gerais, estas sucessivas combustões terão sido mediadas por um período razoavelmente preciso de nove dias, ou de duas vezes nove dias, se descontarmos o tempo que terá sido necessário para atingir as entranhas das cadeias montanhosas do nosso continente e, no dia 9 de dezembro, fazer tremer os Alpes e toda a cadeia que os prolonga. Não apresentei esta cronologia para daqui extrair qualquer conclusão, pois as notícias relativas a este assunto estão longe de ser fidedignas, mas sim para que, em situações semelhantes, se leve a cabo uma observação mais rigorosa e devidamente refletida.

Aqui chegados, pretendo fundamentalmente dizer algo acerca desta alternância entre períodos de crise sísmica e períodos de acalmia. Bouguer, um dos representantes da Academia Real das Ciências de Paris que se deslocou ao Peru, viu-se forçado a sofrer o incómodo de uma estadia nas proximidades de um vulcão, cujos rugidos atroadores não lhe permitiam um momento de descanso. Esse incómodo seria, porém, de alguma forma compensado pelas observações que teve ensejo de fazer e das quais pôde concluir que a atividade do vulcão tinha sempre interregnos, ou seja, havia uma alternância regular entre erupções e períodos de tranquilidade. Esta observação tem muito em comum com a que Mariotte fez de um forno de cal aquecido que, ora expelia o ar por uma janela aberta ora o aspirava de novo para o seu interior – no que, até certo ponto, se assemelhava à respiração dos animais – pois ambos os fenómenos terão por base causas idênticas, que passo a explicar.

Quando o fogo subterrâneo se inflama, expulsa todo o ar em seu redor para fora das cavernas. Ora, quando esse ar, que está carregado de partículas incandescentes, encontra uma abertura como, por exemplo, a cratera de uma montanha vulcânica, escapa-se logo por aí e a montanha expele fogo. Acontece porém que, assim que o ar é expulso da área da fornalha em combustão, esta esmorece de imediato, uma vez que, sem ar, todo o fogo se extingue. Só quando o ar regressa ao seu lugar, uma vez cessada a causa que o expulsara, é que o fogo extinto se reacende. E é também desta forma que as erupções e os períodos de inatividade de um vulcão se vão regular e intercaladamente sucedendo uns aos outros. Situação idêntica ocorre nas combustões subterrâneas, justamente quando o ar dilatado não consegue encontrar saída através das fendas das montanhas. Com efeito, quando a combustão tem início, num determinado ponto das galerias subterrâneas, o ar é violentamente repelido numa grande área em redor, através de todas as passagens que com ele comunicam. É nesse momento que o fogo é abafado pela falta de ar. Mas, assim que a força que o havia expulsado abranda, ei-lo que volta, vindo de todas as cavernas por onde se havia espalhado, para, com redobrada força, reatiçar o fogo entretanto extinto e assim desencadear novo terramoto. Ora, não deixa de ser curioso que o Vesúvio – que, quando as fermentações no interior da Terra tiveram início, entrou em erupção por causa do ar expelido pela sua cratera – se tenha, pouco depois, subitamente acalmado, no momento em que se deu o terramoto de Lisboa. Terá sido aí que todo o ar em contacto com as galerias subterrâneas, incluindo aquele que se encontrava no cume do Vesúvio, terá atravessado todas as passagens para a fornalha em combustão, onde o abrandamento da força que o havia levado a expandir-se lhe permitiu novamente a entrada. É realmente uma coisa espantosa de se imaginar, uma lareira que se alimenta de ar vindo de respiradouros situados a 200 milhas de distância!

Causa idêntica terão também os tempestuosos ventos que se geram nas cavernas subterrâneas e cujo furor, desde que a posição e interligação das galerias o propiciem, em muito ultrapassa tudo aquilo que estamos habituados a ver à superfície da Terra. O rugido que, durante um terramoto, se faz ouvir a nossos pés não se deverá, possivelmente, a outra causa.

Tudo o que acabamos de dizer leva-nos justamente a supor como provável que nem todos os terramotos tenham origem numa combustão desencadeada sob o exato local em que ocorrem, mas antes que a fúria desta tempestade subterrânea pode abalar as abóbadas que cobrem as galerias, o que será tanto menos duvidoso se pensarmos que um ar muito mais denso do que aquele que se encontra à superfície da Terra, uma vez posto em turbulência por causas muito mais súbitas do que as habituais e comprimido no interior de passagens que impedem a sua expansão, pode exercer uma violência incrível. Será, pois, talvez de presumir que a ligeira oscilação do solo da maior parte da Europa, aquando da tremenda combustão que assolou a Terra no 1.º de Novembro, outra causa não tenha tido se não este ar furiosamente turbilhonante que, à semelhança de um ciclone, fez estremecer o solo que se opunha à sua expansão.

Da fornalha da combustão subterrânea e dos lugares onde os terramotos são mais frequentes e perigosos

Pela comparação horária, concluímos que, no terramoto do 1.º de Novembro, o local da combustão terá sido o fundo do mar. O Tejo, que já antes do terramoto tinha subido visivelmente, o enxofre extraído do fundo do mar revolto pelas sondas dos navegadores, assim como a violência do impacto por eles sentido, confirmam-no. A história dos terramotos anteriores também demonstra claramente que os abalos mais terríveis se deram sempre ou no fundo do mar ou então em lugares situados na costa ou nas suas proximidades. Como prova da primeira situação, invoco a fúria tonitruante com que a combustão subterrânea fez frequentemente emergir novas ilhas do fundo dos mares, como aconteceu, por exemplo, no ano de 1720, junto à ilha de S. Miguel, nos Açores, quando, pela erupção de matéria vinda do solo marítimo, de uma profundidade de 60 braças, uma nova ilha surgiu, com uma milha de comprimento e algumas braças de altura. A ilha ao pé de Santorino, no Mar Mediterrâneo, que no nosso século brotou do fundo do oceano, perante os olhos de muita gente, assim como muitos outros exemplos que, por uma questão de espaço, me abstenho de citar, constituem provas irrefutáveis desta nossa conclusão.

Não terão sido poucas as vezes que os marinheiros se confrontaram com maremotos. E nalgumas zonas, sobretudo nas imediações de certas ilhas, os mares estão cheios de pedras-pomes e de outros resíduos expelidos por esse fogo que irrompe do fundo do oceano. A observação dos frequentes abalos do solo marítimo leva-nos naturalmente a perguntar: *Por que motivo é que, de todos os lugares em terra firme, os que estão sujeitos aos terramotos mais frequentes e violentos são os situados perto da costa?* Esta é uma pergunta de indubitável pertinência. Com efeito, basta-nos percorrer a História dos terramotos para deparar com inúmeros exemplos de catástrofes sísmicas em cidades ou regiões próximas do litoral, ao passo que são muito poucas, e de muito menor dimensão, as sucedidas em terras do interior. Já a História da Antiguidade nos dá conta das terríveis destruições que esta calamidade semeou pelas costas marítimas da Ásia Menor e de África. Mas nem na História Antiga nem na Contemporânea encontramos referência a tremores de terra de magnitude considerável no interior de grandes países. A Itália, que é uma península, a maioria das ilhas de todos os mares e o litoral do Peru são as principais vítimas deste flagelo. E, mesmo nos nossos dias, todas as costas ocidentais e meridionais de Portugal e Espanha foram, de longe, mais sacudidas do que as terras do interior. Para ambas as questões, proponho a explicação que se segue.

Entre todas as galerias que existem por baixo da crusta terrestre, as mais estreitas serão, sem dúvida, aquelas que atravessam o subsolo marinho, dado este ser um prolongamento do solo continental que se afundou a uma enorme profundidade, de modo que a camada inferior em que repousa está muito abaixo daquela que sustenta os lugares do interior em terra firme. Ora, é sabido que, em galerias estreitas, a ação de uma matéria inflamada e com tendência a expandir-se tem de ser muito mais violenta do que num meio em que se possa espalhar livremente. Para além disso, e sendo indubitável que, quando se dá o aquecimento subterrâneo, as matérias minerais inflamáveis em efervescência atingem frequentemente o ponto de fusão – como se pode confirmar pelas torrentes de enxofre e lava expelidas pelos vulcões – e, em virtude do declive natural do solo das galerias subterrâneas, escorrem sempre para as cavernas mais profundas do subsolo marinho, é naturalmente de esperar que a frequente acumulação de matérias inflamáveis que daí resulta tenha por consequência abalos mais frequentes e mais violentos.

Bouguer supõe, e com razão, que a infiltração da água do mar através de algumas fendas do seu solo tem necessariamente de conduzir a uma tremenda efervescência das matérias minerais naturalmente propensas à combustão. Sabemos, com efeito, que não há pior do que a água para atiçar a inflamação de minerais aquecidos, água essa que, ao fazer lavrar furiosamente as chamas em todas as direções, acaba por provocar a obstrução da longínqua abertura que lhe dera acesso, com a amálgama de todas as matérias terrestres que, no decurso deste processo, foram sendo expelidas.

Em minha opinião, a espetacular violência com que o solo do litoral é abalado dever-se-á muito naturalmente, em parte, ao peso que a água do mar exerce sobre o solo submarino que lhe é contíguo. De facto, não é difícil ver que a fúria com que o fogo subterrâneo procura erguer as abóbadas sobre as quais assenta tão tremendo peso tem de deparar com uma enorme resistência, e daí que, não encontrando qualquer espaço para se expandir, toda essa força acabe por se virar contra o solo da terra firme que lhe está mais diretamente ligado.

Da direção em que o solo é abalado por um terramoto

A direção em que um terramoto se propaga, ao longo de vastas regiões, distingue-se daquela em que o solo é abalado, na zona em que a sua violência se exerce. Quando a abóbada superior da caverna oculta, no interior da qual a matéria inflamada se espalha, está numa posição horizontal, forçoso é que vá alternadamente subindo e baixando na vertical, dado nada haver suscetível de infletir o movimento mais para um lado do que para o outro. Caso, porém, a camada de terra que constitui a abóbada esteja inclinada para um dos lados, a força trepidante do fogo subterrâneo impeli-la-á também obliquamente para cima, e seria possível determinar a direção em que, de todas as vezes, o solo inevitavelmente oscilará se soubéssemos antecipadamente em que sentido se inclinam as camadas terrestres sob as quais se esconde a fornalha de matéria incandescente. A inclinação da superfície do solo abalado não constitui nenhum indício seguro da obliquidade da abóbada em toda a sua espessura, uma vez que as camadas de terra que a cobrem podem ter diversas depressões e elevações que não correspondem necessariamente à configuração dessa camada mais profunda em que se alicerçam. Buffon considera que todas as diferentes camadas geológicas têm por base um fundo rochoso comum que constitui o teto de todas as galerias subterrâneas e do qual se descobrem habitualmente pedaços nos cumes das altas montanhas, onde a chuva e a ventania fizeram desaparecer por completo a substância movediça que o encobria. Tendo em conta tudo o que sabemos sobre os terramotos, esta opinião afigura-se muito verosímil. Com efeito, uma força tão violenta como a que é exercida pelos sucessivos terramotos já há muito teria destroçado e pulverizado as abóbadas subterrâneas, se estas não fossem feitas de matéria rochosa.

Na costa marítima, a inclinação destas abóbadas está, sem dúvida, de acordo com a inclinação do mar, o que significa que pendem para a mesma direção em que o mar se encontra em relação à terra. Na margem de um grande rio, essa inclinação acompanhará necessariamente a direção da corrente, pois se, na verdade, considerarmos as longas extensões, por vezes de algumas centenas de milhas, que os rios percorrem em terra firme sem formarem poças ou lagos pelo caminho, só poderemos explicar esta inclinação uniforme pela existência de uma base extremamente sólida que, ao pender uniformemente, isto é, sem grandes altos e baixos, para o fundo do mar, proporciona ao rio uma superfície oblíqua por onde correr. Daí que seja de supor que a oscilação do solo de uma cidade construída nas margens de um grande rio, que se veja sujeita a um tremor de terra, se dê na direção desse mesmo rio, como, no caso do Tejo, de ocidente para oriente. Numa cidade situada na orla marítima, essa oscilação dar-se-á no mesmo sentido em que esta se inclina para o mar. Já num outro ponto referi como a posição do solo pode contribuir – caso a direção das ruas principais esteja justamente de acordo com ela – para que uma cidade seja totalmente destruída por um terramoto. Esta ideia não é mera conjetura, mas sim fruto da experiência. Gentil, que teve oportunidade de colher diretamente bons conhecimentos de um largo número de terramotos, relatou, como observação confirmada por muitos exemplos, que, quando a direção em que o solo é abalado for paralela àquela em que a cidade foi construída, essa cidade ficará totalmente arrasada, ao passo que, se a linha do sismo a atravessar na perpendicular, os danos serão menores.

A História da Academia Real de Paris conta-nos que quando Esmirna, que está situada na margem oriental do Mar Mediterrâneo, sofreu um terramoto em 1688, todas as paredes construídas no sentido de leste para oeste se desmoronaram, enquanto aquelas que tinham a orientação norte-sul se mantiveram de pé.

O solo sacudido por um terramoto baloiça e faz oscilar com particular força tudo o que sobre ele estiver construído, longitudinalmente, na direção do abalo. Todos os corpos dotados de grande mobilidade, como é o caso dos candelabros das igrejas, costumam indicar a direção em que os abalos ocorrem, constituindo, nessa medida, uma orientação muito mais segura relativamente às coordenadas por que a construção de uma cidade se deve reger do que outros aspetos, de cariz mais duvidoso, a que já aqui fizemos menção.

Da relação dos terramotos com as estações do ano

Bouguer, o já por diversas vezes citado membro da Academia Francesa, refere no relato da sua viagem ao Peru que, apesar de nesse país os terramotos ocorrerem com razoável periodicidade em todas as estações, os mais assustadores e frequentes são, todavia, os registados nos meses de outono, perto do final do ano. Esta observação é confirmada não só pelos numerosos casos ocorridos no continente americano – no qual, para além do afundamento da cidade de Lima, há 10 anos, assim como de uma outra cidade, não menos populosa, no século passado, muitos outros exemplos nos saltam aos olhos – como também pelo nosso continente, onde, para além do último terramoto, encontramos ainda registo de uma muito maior incidência de abalos sísmicos e erupções vulcânicas nos meses de outono, relativamente a qualquer outra época do ano. Não se deverá esta coincidência a uma causa comum, e que outra se nos apresenta como mais provável do que as chuvas, que no Peru caem de setembro a abril, no longo vale entre as cordilheiras montanhosas, e que também entre nós são mais frequentes no outono? Sabemos que, para provocar um incêndio subterrâneo, basta que as matérias minerais existentes nas cavernas do interior da Terra entrem em fermentação. E é isso o que acontece quando a água infiltrada pelas fendas das montanhas atinge as profundezas em que elas se encontram. Foram as chuvas que começaram por desencadear a fermentação que, em meados de outubro, tantos vapores estranhos exalou das entranhas da Terra. Ora, esses mesmos vapores aumentaram ainda mais a humidade atmosférica, e a água que penetrou pelas fendas das rochas, até às cavidades mais recônditas, completou o processo de aquecimento.

Da influência dos terramotos na atmosfera

Vimos atrás um exemplo dos efeitos que os tremores de terra têm na nossa atmosfera. É de crer que da exalação de vapores quentes subterrâneos resultem mais fenómenos do que geralmente se julga. Dificilmente seria possível que as condições meteorológicas se mostrassem tão irregulares e heterogéneas se causas estranhas não interferissem, por vezes, com a nossa atmosfera, perturbando o curso normal das suas mudanças.

Será que conseguimos encontrar uma causa plausível para o facto de, não obstante o movimento do Sol e da Lua continuar determinado pelas mesmas leis imutáveis, e a terra e a água, vistas em termos gerais, permanecerem idênticas ao que sempre foram, a evolução das condições meteorológicas, mesmo perspetivada numa amostra temporal de muitos anos, se mostrar, não obstante, quase invariavelmente diferente? Desde esse calamitoso terramoto, ou, mais precisamente, desde o período que imediatamente o antecedeu, temos tido um tempo tão inconstante por todo o nosso continente que não é de admirar que o suponhamos, de alguma forma, responsável por esta situação. É verdade que já anteriormente havíamos passado por invernos quentes sem que tivesse ocorrido qualquer terramoto. Mas poderemos estar certos de que nenhuma fermentação no interior da Terra tenha, frequentes vezes, expelido vapores através das fendas das rochas, das fissuras das camadas terrestres ou, até mesmo, através daquela substância movediça a que atrás nos referimos, que pudessem ter acarretado estas significativas alterações das condições atmosféricas? Musschenbroek, após ter feito notar que só neste século e, mais precisamente, desde 1716, é que se viram verdadeiras auroras boreais na Europa, e inclusivamente nos seus países do sul, considera como causa mais provável desta modificação atmosférica que as montanhas vulcânicas e os terramotos, que há alguns anos bastas vezes manifestaram a sua fúria, tenham expelido ou provocado a expulsão de vapores inflamáveis e voláteis, vapores esses que, por via da natural deslocação do ar da camada superior da atmosfera para norte, aí se terão acumulado e dado origem aos referidos fenómenos luminosos, desde então tão frequentemente observados; e que é provável que esses vapores se vão gradualmente dissipando, até que novas exalações venham repor a porção entretanto desaparecida.

Tendo estes pressupostos em mente, vamos agora investigar se não estará de acordo com a Natureza que uma mudança de tempo como aquela que experimentámos seja consequência da catástrofe em análise. A atmosfera luminosa do inverno e o frio que a acompanhou não foram unicamente consequência do facto de o Sol estar mais distante do nosso zénite nesta época do ano, pois já tivemos frequentemente ocasião de verificar que, não obstante isso, as condições atmosféricas podem ser muito moderadas. Será antes a corrente de ar vinda do Norte, que em determinadas alturas sopra também num vento leste, a trazer-nos um ar gelado da zona glacial ártica, congelando as nossas águas e dando-nos a provar um pouco do inverno do Polo Norte. Esta corrente de ar de norte para sul é tão natural nos meses de outono e inverno – quando causas estranhas a não interrompem – que no oceano, a certa distância de terra firme, este vento do norte e nordeste sopra sem cessar. Trata-se também de um vento que é, muito naturalmente, consequência da ação do Sol, pela qual o ar do hemisfério sul sofre uma rarefação que provoca, por sua vez, uma atração do ar do hemisfério norte, devendo-se ver aqui uma lei constante que, podendo embora sofrer algumas variações decorrentes das circunstâncias particulares de cada região, não pode ser revogada. Se uma fermentação subterrânea exalar vapores quentes, algures, nas regiões que nos ficam a sul, esses vapores começarão por reduzir a altitude do ar nas zonas a que ascendem, enfraquecendo a sua capacidade de dilatação e desencadeando aguaceiros, furacões e outros fenómenos semelhantes. Só depois disso é que essa zona da atmosfera, por estar carregada de tantos vapores, vai deslocar a zona contígua com o seu peso e dar origem a uma corrente de ar de sul para norte. Atendendo porém a que, na nossa zona terrestre, o ar tende naturalmente de norte para sul nesta altura do ano, estes dois movimentos contraditórios acabam por anular-se mutuamente e têm por primeira consequência uma atmosfera pesada e chuvosa, porque saturada de vapores, que é, no entanto, acompanhada por uma acentuada subida do barómetro, uma vez que o ar comprimido pelo embate de dois ventos contrários forma necessariamente uma grande coluna. E assim aprendemos a interpretar essa aparente incorreção do barómetro, quando este acusa uma pressão elevada não obstante o tempo estar chuvoso, dado que essa humidade atmosférica resultará precisamente de duas correntes de ar diametralmente opostas que, concentrando os vapores, podem, aparentemente, tornar a atmosfera mais densa e pesada.

Não posso deixar de referir ainda que, nesse fatídico Dia de Todos os Santos, os ímanes, em Augsburgo, deixaram cair os objetos que tinham atraído e as agulhas magnéticas perderam completamente o Norte. Segundo Boyle, já uma vez, no Nepal, e também na sequência de um terramoto, se verificara uma situação exatamente idêntica. Não conhecemos, porém, o suficiente da natureza oculta dos magnetes para poder explicar este fenómeno.

Da utilidade dos terramotos

Haverá quem considere chocante que se procure ver este tão terrível flagelo da Humanidade numa perspetiva utilitarista. Estou certo de que de bom grado o dispensaríamos, só para sermos poupados ao terror e aos perigos que lhe estão associados. Assim é a natureza humana: reivindicamos, ilegitimamente, pleno direito a todos os prazeres desta vida, mas recusamo-nos a pagar a fatura que os acompanha. Exigimos que a Terra esteja feita de maneira a que possamos desejar viver nela para todo o sempre, e imaginamos que teríamos disposto tudo para nosso melhor proveito se a Providência se tivesse lembrado de nos pedir opinião. Gostaríamos, por exemplo, de ter a chuva sob nosso controlo, de modo a podermos reparti-la ao longo do ano de acordo com as nossas conveniências, e assim gozar sempre de dias agradáveis a intercalar os mais sombrios. Esquecemo-nos, porém, dos poços, que tão-pouco poderíamos dispensar e que, dessa forma, não se poderiam manter. De igual modo, desconhecemos os eventuais benefícios que nos podem advir justamente dessas mesmas causas que tanto nos apavoram nos terramotos, mas só queríamos sabê-las erradicadas.

Seres humanos, nascidos para morrer, não conseguimos, todavia, suportar que alguns tenham perecido no terramoto; e, apesar de sermos estrangeiros numa Terra em que nada nos pertence, ficamos, não obstante, inconsoláveis por se terem perdido bens que a ordem natural das coisas em breve se encarregaria de fazer desaparecer.

Não é difícil de prever que, quando os homens constroem sobre um solo repleto de matérias inflamáveis, mais tarde ou mais cedo, toda a magnificência dessas suas construções pode ficar reduzida a pó por um terramoto. Mas será isso motivo para nos agastarmos com os caminhos da Providência? Não seria bem mais razoável dizer: «É necessário que o solo seja, uma vez por outra, abalado por um terramoto, mas não é necessário construir sobre ele residências faustosas»? Os habitantes do Peru vivem em casas que só têm paredes no rés-do-chão e o resto é feito de cana. É o homem que tem de aprender a adaptar-se à Natureza mas, no entanto, pretende que seja ela a adaptar-se a ele.

Tudo o que de nocivo as causas dos terramotos nos trazem, por um lado, podem facilmente compensá-lo em benefícios, por outro. Sabemos, por exemplo, que os banhos em águas quentes, que talvez com o tempo se venham a revelar benéficos para a saúde de um considerável número de pessoas, extraem o seu calor e as suas propriedades minerais precisamente das mesmas causas que estão na origem das combustões no interior da Terra e, consequentemente, dos abalos por elas desencadeados.

Há já muito se presume que as glebas metalíferas das montanhas são uma lenta consequência do calor subterrâneo, por cuja ação se vai gradualmente dando a maturação dos metais que se formam e consolidam no interior das rochas infiltradas pelos vapores.

Para além das matérias grosseiras e mortas nela contidas, a nossa atmosfera precisa também de um certo princípio ativo, sais e partículas voláteis que têm de integrar a composição das plantas, para lhes dar vida e as desenvolver. Ora, não será de crer que as formações da Natureza, que consomem uma grande parte do ar, e as mudanças que toda a matéria inevitavelmente sofre, por via da composição e da decomposição, acabariam, com o tempo, por esgotar completamente essas partículas ativas, se não houvesse, volta e meia, um novo afluxo delas? No mínimo, a Terra vai enfraquecendo ao alimentar plantas vigorosas, mas o repouso e a chuva restituem-lhe as forças. Mas de onde viria, em última análise, essa matéria energética que se vai consumindo sem ser reposta, se uma outra fonte não assegurasse a sua manutenção? E essa fonte é, provavelmente, a reserva das matérias mais ativas e voláteis que as cavernas subterrâneas encerram e de que, periodicamente, espalham uma parte pela superfície terrestre. Faço ainda notar que Hales conseguiu, e com grande sucesso, purificar o ar contaminado das prisões e, de um modo geral, de todos os outros lugares saturados de odores animais, com fumigações de enxofre. Tendo em conta que as montanhas vulcânicas expelem uma quantidade incalculável de vapores sulfúreos para a atmosfera, quem sabe se as exalações de origem animal de que esta está carregada não se tornariam, com o tempo, nocivas, não fosse encontrarem nesses mesmos vapores um poderoso antídoto?

Finalmente, parece-me que o calor no interior da Terra constitui uma prova poderosa do efeito e da grande utilidade dos processos de aquecimento que se desenrolam nas profundezas das cavernas. A experiência quotidiana demonstra-nos que nas grandes, ou melhor, nas maiores profundidades que aos homens já foi dado alcançar no interior das montanhas, se sente um calor contínuo que, de modo algum, se pode atribuir à ação do Sol. Boyle cita uma série de testemunhos de onde se conclui que no verão, em todas as minas profundas, se começa por achar que a parte de cima está muito mais fria do que o ar exterior, mas, quanto mais se desce, mais elevada parece a temperatura, e de tal forma que, quando estão nas entranhas subterrâneas, os trabalhadores veem-se obrigados a despir os fatos. Qualquer um facilmente compreende que, dado o calor do Sol não penetrar muito além da superfície da Terra, já não pode exercer o mínimo efeito nas cavernas mais recônditas do subsolo. Assim sendo, o calor que nelas se encontra decorrerá de uma causa específica das grandes profundidades, como se deduz, para além do mais, pela diminuição da temperatura, que, até mesmo no verão, se vai sentindo à medida que, vindos do fundo, nos aproximamos da superfície. Boyle, após ter comparado e testado cuidadosamente os resultados destas experiências, conclui, muito racionalmente, que nas cavernas mais profundas, que estão fora do nosso alcance, têm de existir contínuos processos de aquecimento e um fogo inextinguível por eles mantido, cujo calor se comunica à camada superior do solo.

Se as coisas se passam, então, desta forma, como não podemos, aliás, deixar de reconhecer, será que não temos a esperar as mais benéficas consequências desse fogo subterrâneo que permite que a Terra mantenha uma temperatura moderada mesmo nas alturas em que o Sol nos priva do seu calor, calor esse que tão necessário é para o desenvolvimento das plantas e a economia do reino da Natureza? E, perante tamanho benefício, será que os prejuízos decorrentes de uma ou outra erupção ocasional nos podem dispensar do agradecimento que devemos à Providência por tudo o que de bom ela nos proporciona?

As razões por mim aduzidas no sentido de estimular essa gratidão não são, naturalmente, do género que suscita a maior adesão e certeza. Todavia, também as conjeturas são admissíveis quando se trata de incentivar nos homens o desejo de agradecer ao Ser Supremo, que, mesmo quando castiga, é sempre digno de veneração e amor.

Nota: referi, mais atrás, que os terramotos impelem a exalação de vapores sulfúreos através das abóbadas da Terra. As últimas notícias sobre as minas das montanhas da Saxónia comprovam-no com um novo exemplo. Com efeito, essas minas encontram-se atualmente tão cheias de vapores sulfúreos que os mineiros tiveram de abandoná-las. O incidente de Tuam, na Irlanda, que consistiu no aparecimento de um fenómeno luminoso sobre o mar, com a forma de flâmulas e bandeiras que iam mudando gradualmente de cor, até acabarem por difundir uma luz clara, e a que se seguiu um forte impacto de terramoto, constitui uma nova confirmação do que dissemos. A transformação das cores, desde o azul mais escuro até ao vermelho e, finalmente, a uma luz branca brilhante, tem de ser atribuída aos vapores – a princípio muito ténues e depois progressivamente mais densos, à medida que a exalação se ia intensificando –, vapores esses que, como é sabido nas Ciências da Natureza, atravessam uma gradação de luz que vai do azul ao vermelho e, por fim, ao branco brilhante. Tudo isto sucedeu antes do abalo. E foi também uma prova de que o foco da combustão se encontrava no fundo do mar, corroborada pelo facto de o terramoto ter atingido sobretudo o litoral.

Se quisermos alargar as nossas observações relativamente aos pontos da Terra em que os abalos sísmicos se fizeram, até hoje, mais dura e frequentemente sentir, podemos ainda acrescentar que as costas ocidentais sempre foram, de longe, mais flageladas do que as orientais. Em Itália, Portugal, América do Sul e, até mesmo, Irlanda, a experiência confirmou esta correlação. O Peru, situado na costa ocidental do Novo Mundo, sofre tremores de terra quase diários, ao passo que o Brasil, com o oceano a oriente, não tem sentido absolutamente nada. Se quisermos conjeturar algumas das causas desta curiosa analogia, bem poderemos desculpar Gautier, um pintor que procura nos raios de sol, fonte das suas cores e da sua arte, a origem de todos os terramotos, imaginando que também eles fazem o nosso grande globo girar de ocidente para oriente, ao incidirem com maior força nas costas ocidentais, e que é precisamente por esse motivo que estas são vítimas de tantos abalos. Mas, numa Ciência da Natureza sensata, semelhante ideia quase nem merece refutação. A razão desta lei parece-me estar relacionada com uma outra, até aqui ainda não suficientemente esclarecida, a saber, que as costas ocidentais e meridionais de quase todos os países são mais íngremes e escarpadas do que as orientais e setentrionais, o que pode ser comprovado tanto pela observação dos mapas como pelas informações de Dampier, que teve ocasião de o constatar em quase todas as suas viagens marítimas. Se inferirmos as flexões do solo continental pelas suas depressões, concluir-se-á, então, que as regiões com maiores declives têm de ter cavernas mais numerosas e profundas do que aquelas em que a crusta terrestre é apenas moderadamente inclinada. Essa característica, tal como vimos há pouco, está naturalmente relacionada com os tremores de terra.

Considerações finais

A contemplação de tantas desgraças como as que a última catástrofe semeou entre os nossos concidadãos([5]) tem de, obrigatoriamente, despertar a nossa solidariedade e fazer-nos compartilhar do infortúnio que tão duramente os atingiu. Mas ofenderemos muito esse imperativo se insistirmos em ver semelhantes fatalidades como castigos divinos, infligidos às cidades dizimadas em virtude das más ações por elas cometidas, encarando, desse modo, todas essas infelizes vítimas como alvos da vingança de Deus, sobre os quais se abateria toda a ira do seu espírito justiceiro. Este tipo de juízo é de uma imperdoável petulância, pois arroga-se a capacidade de decifrar e interpretar a seu modo os desígnios da divindade.

O homem tem, na verdade, tamanha presunção que, pura e simplesmente, se julga o objetivo único das ações de Deus, como se estas não pudessem ter outro fim em vista senão ele, e todas as medidas para governo do mundo se devessem regular pelos seus interesses. Sabemos que tudo quanto existe na Natureza é um objeto digno da sabedoria e providência divinas. Nós somos apenas uma parte do que nela se encontra, mas temos a pretensão de ser o todo. Recusamo-nos a reconhecer as regras de perfeição da Natureza, globalmente perspetivada, considerando que tudo tem de estar disposto em função das nossas conveniências. Tudo o que no mundo serve a nossa comodidade e prazer só existirá por nossa causa, e a Natureza não empreenderia qualquer transformação suscetível de molestar os seres humanos se não fosse para os punir, ameaçar ou exercer qualquer vingança sobre eles.

([5]) Para Kant, todos os seres humanos eram cidadãos do mundo. (*N. do T.*)

Vemos, todavia, que inúmeros malfeitores morrem tranquilos, que os terramotos desde sempre flagelaram determinadas regiões, dizimando indiscriminadamente velhos e novos, que a parte cristã do Peru não é menos sacrificada do que a pagã e que muitas cidades foram, desde o início, poupadas a esta devastação, sem que, por isso, possam reivindicar qualquer estatuto de impunidade.

E assim se encontra o homem nas trevas, quando pretende adivinhar os objetivos que Deus terá em vista no governo do mundo. Mas já não há que ter incertezas quando se trata da forma como nos deveríamos adaptar aos caminhos da Providência, em conformidade com os fins por ela visados. O homem não nasceu para construir cabanas eternas neste palco de vaidades. A sua vida tem uma finalidade bem mais nobre, como tão bem nos é demonstrado por toda a destruição que a instabilidade do mundo nos dá a ver, até mesmo naquelas coisas que nos parecem as maiores e as mais importantes, como que para nos recordar que os bens terrenos jamais poderão satisfazer a nossa ânsia de felicidade.

Dizendo isto, longe de mim querer sugerir que o homem esteja abandonado à fatalidade inelutável das leis da Natureza, sem quaisquer contemplações para com o estatuto privilegiado de que goza no seu seio. Terá sido precisamente a sabedoria suprema, da qual o curso natural das coisas extrai essa justeza que não carece de qualquer correção, a subordinar os fins menores aos mais elevados e, justamente nesse intuito – em função do qual frequentes vezes se abriram as mais importantes exceções às regras universais da Natureza – de alcançar os fins mais sublimes, fins infinitamente superiores a todos os meios de que a Natureza dispõe, também a condução do género humano no governo do mundo acaba por ditar leis ao próprio curso das coisas naturais. Quando uma cidade ou região entrevê a calamidade com que a Providência divina a atemoriza a ela ou aos seus vizinhos, oferecerá ainda dúvida de que partido deve tomar a fim de evitar a ruína que sobre ela impende, e serão os sinais ainda demasiado ambíguos para dar a perceber os fins para cuja realização todos os caminhos da Providência, em uníssono, convidam ou exortam o homem?

Um príncipe que, impelido por um coração nobre, se deixa comover por este sofrimento do género humano, e procura afastar da tragédia da guerra aqueles que já por todos os lados se veem sob ameaça das piores calamidades, é uma dádiva para todos os povos da Terra, e uma dádiva cujo pleno valor estes jamais poderão avaliar.

CONSIDERAÇÕES ADICIONAIS ACERCA DOS TREMORES DE TERRA QUE, DE HÁ ALGUM TEMPO A ESTA PARTE, SE TÊM FEITO SENTIR

O fogo das cavernas subterrâneas ainda não se acalmou. Os tremores de terra recomeçaram recentemente e aterrorizaram regiões que não haviam ainda conhecido este flagelo. A desordem da atmosfera alterou as estações em metade do planeta. Os mais ignorantes pretendem ter descoberto a causa. Ouvimos gente sem discernimento nem reflexão dizer que a Terra enlouqueceu e se aproximou, não sei em que grau, do Sol. Um juízo digno de um Kindermann, se este se levantasse da cova, fantasias de cabeças delirantes que deviam ser vendidas para investigação. Entre esses, contam-se também os que trazem de novo os cometas à baila, depois de Whiston ter ensinado até mesmo os filósofos a temê-los. É um exagero comum, esse de ir rebuscar a origem de um mal a não sei quantas milhas de distância, quando ela, afinal, se encontra bem debaixo do nosso nariz. É o que fazem os turcos com a peste. E foi o que se fez com os gafanhotos, com a epizootia e, sabe Deus, com quantas outras pragas. Temos vergonha de discernir coisas que nos estão tão próximas. Vislumbrar causas infinitamente longínquas, isso sim, já é dar provas de uma inteligência sagaz.

Entre todas as suposições que, num grande afastamento das regras de uma correta Ciência da Natureza, alguns, que não sabem pô-las à prova, podem facilmente engolir, destaca-se a ideia que as notícias da imprensa atribuem ao Professor Profe, de Altona. Há já muito tempo, na verdade, que os planetas deixaram de ser culpabilizados pelos grandes fenómenos que ocorrem aqui na Terra. O extenso rol de graves acusações que os nossos prezados antecessores, os senhores astrólogos, fizeram recair sobre as estrelas já tem lugar cativo no arquivo das quimeras obsoletas, ao lado das histórias de fadas pretensamente verídicas, dos feitos prodigiosos de Digby e Vallemont e dos fenómenos noturnos de Blocksberg. Mas, desde que a Ciência da Natureza se libertou destas extravagâncias, Newton descobriu, e comprovou pela experiência, que existe uma força real que os planetas, mesmo os mais distantes, exercem uns sobre os outros e sobre a nossa Terra. Todavia, para grande azar daqueles que querem levar ao exagero a aplicação desta estranha propriedade, tanto a medida como o tipo de ação desta força estão bem determinados, e foram-no justamente mediante essa observação – coadjuvada pela geometria – a que devemos a sua descoberta. Já não nos podem, pois, fazer crer em tudo e mais alguma coisa relativamente aos seus efeitos. Temos na nossa mão a balança que nos permite verificar se o peso desses efeitos corresponde ao das alegadas causas.

Se uma pessoa que já uma vez tenha ouvido dizer que a Lua atrai as águas da Terra, provocando, por essa via, a subida e a descida dos oceanos – ou seja, aquilo a que chamamos maré-alta e maré-baixa –, bem como que todos os planetas são dotados de uma força de atração idêntica e, quando se encontram próximos da linha reta que podemos traçar entre os centros da Terra e do Sol, unem a sua força de atração à da Lua; se, dizia eu, essa pessoa, que não tem por obrigação examinar o assunto mais a fundo, supuser que essas forças conjugadas podem não só ter levado as águas da Terra à violenta agitação que testemunhámos no dia 1 de novembro, como também, por meio de uma influência no ar subterrâneo, ter inflamado a acendalha oculta nas cavernas subterrâneas que espoletou o terramoto, não lhe podemos realmente exigir mais nada. Mas de um investigador das Ciências da Natureza espera-se mais. Não basta, na verdade, dar de repente com uma causa que tenha algo em comum com o efeito; é igualmente necessário que exista uma proporção entre ambos. Vou apresentar um exemplo.

O Dr. List, um, em tudo o mais, abalizado membro da Sociedade de Londres, havia notado que a planta marinha «lentilha-d'água» exala um aroma extremamente forte. Observou também que esta planta se encontra frequentemente nas costas marítimas da zona tórrida. Ora, atendendo a que um perfume forte pode facilmente provocar uma ligeira movimentação do ar, logo concluiu que o vento, em geral de leste, que nestes mares sopra incessantemente, atravessando uma distância de mais de mil milhas da costa, era desencadeado por essa planta, sobretudo por se tratar de uma espécie que se vira para o sol. O ridículo desta opinião prende-se simplesmente com o facto de a causa não ter a mínima relação com o efeito. E o mesmo se passa com a força dos planetas quando a confrontamos com o efeito que dela supostamente deriva, ou seja, com a agitação dos mares e a eclosão de terramotos. Perguntar-se-á, talvez: mas conhecemos nós a magnitude da força com que estes corpos celestes podem atuar sobre a Terra? Já vou responder a esta questão.

Bouguer, um célebre académico francês, conta que, aquando da sua estada no Peru, um estudioso que pretendia ser professor de Matemática na Universidade de Lima escreveu um livro intitulado *Relógio Astronómico dos Terramotos*, no qual se dedicava à tarefa de tentar prever a ocorrência de tremores de terra com base na trajetória da Lua. Não é difícil calcular que um profeta no Peru tem êxito garantido neste tipo de previsões, uma vez que, ali, os terramotos se sucedem a um ritmo quase diário, só se distinguindo pela magnitude. Bouguer acrescenta ainda que, se alguém decidisse fazer umas combinatórias, mais ou menos à toa, com as fases da Lua, a sua proximidade e afastamento da Terra, a sua conjunção e oposição com outros planetas etc., poderia, por mero acaso, dizer alguma coisa que se viesse a confirmar, forçando-nos assim a reconhecer que nem todos os seus vaticínios haviam saído errados. O próprio Bouguer admite que não seja de todo improvável que a Lua, que tão poderosamente move as águas dos oceanos, possa igualmente ter alguma influência nos terramotos, quer conduzindo a água, que tão extraordinariamente faz subir, a determinadas fendas da Terra que esta de outro modo não alcançaria – e desencadeando, por essa via, o furioso tumulto nas cavernas subterrâneas –, quer através de um qualquer outro tipo de relação.

Se tivermos em conta que as forças de atração dos corpos celestes atuam no âmago da matéria, podendo, por isso, pôr em movimento o ar encerrado nas mais profundas e recônditas galerias subterrâneas, dificilmente poderemos negar à Lua qualquer influência nos terramotos. A sua força limitar-se-ia, porém, quando muito, a deflagrar a combustão das matérias inflamáveis no interior da Terra, e tudo o mais, ou seja, os terramotos, os maremotos, seria uma mera consequência desse processo.

Se, ultrapassando a Lua, fôssemos avançando pelo nosso sistema planetário, veríamos que este poder se vai gradualmente desvanecendo à medida que aumenta a distância dos outros planetas em relação à Terra, o que significa que as forças combinadas de todos eles, se comparadas com a força individual da Lua, que nos está tão próxima, não perfazem mais do que uma fração ínfima desta.

Newton, responsável pela descoberta da fantástica lei da atração, à qual devemos as mais bem-sucedidas tentativas de conhecer a Natureza que a razão humana até hoje empreendeu, ensinou-nos a determinar as forças de atração dos planetas que têm luas na sua órbita, e avaliou a força de atração de Júpiter, o maior de todos eles, como sendo um pouco inferior a um milésimo da força de atração do Sol. A possibilidade de essa força produzir modificações na nossa Terra diminui na razão inversa do cubo (3.ª potência) da sua distância em relação a nós, sendo pois, no caso de Júpiter, cuja distância em relação à Terra é mais de cinco vezes superior à do Sol – se considerarmos a sua força de atração em termos proporcionais –, 130 mil vezes inferior à da atração que esse mesmo Sol, sozinho, consegue exercer sobre a nossa Terra. Atendendo, porém, a que a força de atração do Sol pode fazer subir em cerca de dois pés a água do oceano, a força de atração de Júpiter, quando combinada com a do Sol, aumentará ainda essa subida no equivalente à sexagésima quinta parte de uma décima de milímetro, o que será sensivelmente idêntico a um trigésimo da espessura de um cabelo. Se tivermos agora em conta que Marte e Vénus são planetas incomparavelmente mais pequenos do que Júpiter, e que a sua força de atração é proporcional à sua massa, ainda estaremos a pecar por excesso se atribuirmos a ambos, conjuntamente considerados, aproximadamente o dobro do poder (manifestado pela atração que exercem sobre a Terra) deste último, uma vez que esses dois planetas, muito embora estejam cerca de três vezes mais perto de nós do que Júpiter, têm um volume e, consequentemente, uma força de atração muitas centenas de vezes inferior a este. Mas, mesmo que eu fosse generoso ao ponto de decuplicar a força desses planetas, nem assim os dois juntos conseguiriam elevar o nível do mar num terço da espessura de um cabelo. E se a estes planetas acrescentássemos os outros, Mercúrio e Saturno, e os considerássemos todos na sua globalidade, seria manifesto que ficavam ainda muito longe de aumentar no equivalente à metade da espessura de um cabelo a subida das águas que o Sol e a Lua conjuntamente produzem. Ora, não será ridículo recear que a força de atração do Sol e da Lua desencadeie terríveis maremotos, quando a subida que provocam nas águas sofre um aumento que não excede metade da espessura de um cabelo, e uma vez que, em todas as outras ocasiões, não há qualquer perigo a temer? Todas as outras circunstâncias refutam por completo esta pretensa causa. Tal como a Lua não arrasta a maré-alta unicamente no momento em que a sua trajetória passa mais perto da linha reta entre o Sol e a Terra, mas também alguns dias antes e depois de isso acontecer, assim haveriam os planetas em conjunto de, durante alguns dias seguidos e ao longo de várias horas, ter provocado maremotos e terramotos, caso efetivamente contribuíssem para a sua ocorrência.

Tenho de pedir desculpa aos meus leitores por me ter sido necessário levá-los numa tão longa excursão pelo firmamento, a fim de podermos ajuizar corretamente dos acontecimentos ocorridos aqui na Terra, mas esse esforço que fizemos para eliminar as fontes de erro proporciona-nos um conhecimento purificado. Nas linhas que se seguem, vou analisar os aspetos mais curiosos dessa impressionante manifestação da Natureza, ocorridos desde aqueles outros que, num ensaio próprio, me esforcei por explicar.

No Tribunal da Razão, os planetas foram ilibados da acusação de serem parte da causa desse fenómeno devastador que são os terramotos, estando, doravante, livres de suspeita. Já se têm, afinal, verificado outras conjunções de planetas sem que, por isso, tenha ocorrido qualquer terramoto. Segundo o testemunho de Gassendus, Peirescius observou, no ano de 1604, a rara conjunção dos três planetas superiores, situação que só acontece uma vez em cada 800 anos, mas a Terra permaneceu tranquila. Se a Lua, que é o único astro relativamente ao qual ainda seriam admissíveis algumas suspeitas, tivesse efetivamente culpas no cartório, as causas coatuantes no fenómeno teriam, então, de ser de tal ordem que até mesmo a mais leve influência exterior seria suscetível de determinar a alteração. A verdade é que a Lua está frequentemente na posição em que exerce maior efeito sobre a Terra e, no entanto, os terramotos não são assim tão frequentes. O do 1.º de Novembro ocorreu logo a seguir ao último quarto minguante, altura em que, como a teoria newtoniana e a experiência demonstram, as influências lunares atingem o seu nível mais fraco. Concentremo-nos então unicamente no nosso próprio planeta, visto que a causa que tanto buscamos se encontra debaixo dos nossos pés.

Desde os tremores de terra de que atrás falámos, não ocorreu nenhum outro que se tivesse propagado por tão vastas regiões como o de 18 de fevereiro, que foi sentido em França, Inglaterra, Alemanha e Países Baixos. Na maioria dos sítios, nomeadamente na Vestefália, Hanôver e Magdeburgo, foi descrito como um ligeiro balanço, mais comparável à trepidação de um solo convulsionado por forte tempestade subterrânea do que aos choques de uma matéria em combustão. Só os andares superiores dos edifícios acusaram o abalo, que passou relativamente despercebido ao nível do chão. Já nos dias 13 e 14 antes do terramoto se tinham registado abalos nos Países Baixos e regiões vizinhas e, por esses dias, sobretudo de 16 para 18, a Alemanha, Polónia e Inglaterra foram varridas por violentos furacões, raios e tempestades atormentaram os ares e, em pouco tempo, toda a atmosfera entrou numa espécie de efervescência, o que pode servir como confirmação do que já em outras ocasiões fizemos notar, a saber, que os terramotos, ou as combustões subterrâneas que lhes dão origem, produzem uma alteração na nossa atmosfera, em virtude dos vapores estranhos que nela lançam.

Ocasionalmente, registaram-se alguns afundamentos de terra. Pedaços de rocha soltaram-se das montanhas e rolaram pelos vales com tremendo fragor. São coisas que frequentemente acontecem, mesmo sem terramotos. Chuvas contínuas fazem com que os veios de água extravasem dos leitos e minem o substrato de determinados terrenos, ao arrastarem na enxurrada não só as camadas mais superficiais do solo, como pedaços fraturados de rocha que, sobretudo pela ação combinada da geada e da humidade, se desprendem dos cumes das montanhas. Os grandes abismos e fendas no solo que, na Suíça e noutras regiões, se têm de vez em quando aberto e, na sua maior parte, tornado a fechar, são testemunhos evidentes de uma crescente força subterrânea que faz estalar as camadas menos espessas. Se considerarmos esta fragilidade do nosso solo, reservatório desse lume subterrâneo que, talvez por todo o lado, as matérias inflamáveis, os depósitos de carvão, as resinas e o enxofre, conseguem manter numa combustão permanente (tal como muitas vezes sucede com as minas de carvão de pedra, que, uma vez espontaneamente incendiadas em contacto com o ar, podem arder durante séculos, espalhando o fogo em seu redor), se considerarmos, dizia eu, esta situação das cavernas subterrâneas, não dá ideia que um pequeno gesto seria suficiente para mergulhar as nossas abóbadas num mar de enxofre incandescente e arrasar os lugares que habitamos com torrentes de matéria em labaredas, assim como a lava do Etna devastou as localidades que se haviam aninhado, tranquila e despreocupadamente, no sopé desse vulcão?

D. Poll tem razão quando, num breve ensaio sobre terramotos, afirma que basta a presença da água para, com a disseminação dos seus vapores, movimentar o sempre ardente fogo subterrâneo e, desse modo, desencadear tremores de terra. Quando procura, no entanto, invalidar a experiência de Lémery (que explicava os tremores de terra com recurso a uma mistura de enxofre e limalha, acrescida de água), dizendo que a terra não contém ferro puro, mas sim uma mera terra ferrosa que não produz o resultado desejado nessa experiência, não podemos deixar de considerar, em primeiro lugar, se as múltiplas causas do aquecimento – como, por exemplo, a decomposição da pirite de ferro, as fermentações induzidas pelo contacto com a água, como a que se verifica depois de uma chuva sobre a lava expelida por um vulcão (e à imagem do que sucede no fogo permanente de Pietra Mala, após a terra ferrosa que se encontrava a grandes profundidades se haver derretido em ferro granulado), ou ainda a pedra magnética, que tanto se assemelha ao ferro puro e que, sem dúvida, existe em grande abundância por todo o subsolo – não nos podem fornecer, de um modo geral, matéria suficiente para a realização desta experiência. A estranhíssima observação que nos chega da Suíça, de que, durante um terramoto, um íman, juntamente com o fio de que estava suspenso, se desviou alguns graus da sua posição vertical, parece comprovar a relação das pedras magnéticas com os terramotos.

Seria obra de grande fôlego expor e examinar todas as hipóteses que cada qual tem proposto no intuito de a si mesmo abrir novos rumos de investigação, hipóteses essas que, tal como as ondas do mar, vão frequentemente cedendo lugar umas às outras. As Ciências da Natureza são, porém, dotadas de uma espécie de paladar muito apurado, que lhes permite distinguir rapidamente entre as divagações desregradas de cabeças sedentas de novidades e os juízos prudentes e seguros daqueles que se apoiam nos testemunhos da experiência e na credibilidade da razão. O Padre Bina e, ainda recentemente, o Professor Krüger, defenderam a opinião de que os fenómenos sísmicos têm origem idêntica aos da eletricidade. Ousadia ainda maior é a da proposta do Professor Hollmann que, após haver comprovado a utilidade dos respiradouros numa terra ameaçada por matérias incandescentes, mediante o exemplo das montanhas vulcânicas, sem as quais os reinos de Nápoles e da

Sicília há muito teriam deixado de existir, sugere que se perfure a camada superior da crusta terrestre até aos abismos ardentes mais profundos, para com isso proporcionar uma escapatória ao fogo. Mas a tremenda espessura, aliada à solidez das camadas interiores – sem as quais a fúria dos terramotos há muito teria destroçado por completo as regiões em que incidem –, assim como a água, que depressa põe termo a todas as escavações, sem esquecer, para finalizar, a impotência humana, fazem desta proposta um sonho irrealizável.

Do Prometeu dos Novos Tempos, Franklin, que quis neutralizar a trovoada, até àquele que pretende extinguir o fogo na oficina do vulcão, todos estes projetos são testemunho de uma audácia do homem que transcende infinitamente a sua capacidade de realização, conduzindo-o, em derradeira análise, à humilhante lembrança – da qual, justamente, deveria sempre partir – de que, por muito que se esforce, jamais passará de um ser humano.

Posfácio

Immanuel Kant (1724–1804) é comummente descrito nas resenhas biográficas como um pensador que desabrochou tardiamente, escrevendo com idade avançada as suas obras mais marcantes. Fácil seria por isso votar ao ostracismo a produção científica da sua juventude, ofuscada pela genialidade com que viria posteriormente a estabelecer os pilares do pensamento filosófico moderno com as obras da «fase crítica», por volta dos 60 anos de idade. Mas na perspetiva metateórica da História das Ideias a produção mais precoce do filósofo alemão quando estudante em Königsberg ganha vulto pela riqueza do contexto em que decorreu. E é esse contexto que permite apreciar também o significado e a relevância dos ensaios sobre as causas dos terramotos que o filósofo escreveu em 1756, motivado pelas notícias que chegavam de Lisboa a toda a Europa sobre o grande desastre do Dia de Todos os Santos de 1755.

Educado, quer na casa familiar quer mais tarde no Collegium Fridericianum de Königsberg, num rígido ambiente religioso de orientação luterana pietista, o jovem Kant não teve oportunidade de realizar estudos aprofundados de Matemática, disciplina encarada com desconfiança pelos austeros pedagogos, que a preteriam em favor do Latim e da Teologia. Já como estudante universitário, ainda na sua Königsberg natal, veria também frustrada a sua ambição de aprender Matemática a nível avançado, indispensável para acompanhar o desenvolvimento do Cálculo Infinitesimal (as derivadas e os integrais que hoje constituem o arsenal de qualquer estudante de engenharia) criado simultânea e independentemente pelo inglês Sir Isaac Newton e pelo alemão Leibniz na segunda metade do século XVII. O *Tratado das Fluxões e Séries Infinitas* de Newton fora publicado em 1736, nove anos após a morte do seu autor e quase 70 anos após a invenção dos novos conceitos matemáticos. Contudo, para o jovem Kant o texto terá sido hermético, mormente porque a notação de Newton dificultava a sua compreensão (devendo-se a Leibniz a notação que viria a perdurar até aos nossos dias).

Por via do seu limitado domínio da Matemática, a abordagem das ciências naturais a que Kant se devotou enquanto estudante universitário teria um pendor mais conceptual. A sua tese de *Magister*, publicada em 1749, intitulava-se *Reflexões sobre a Verdadeira Maneira de Calcular as Forças Vivas*, e ambicionava dirimir em definitivo a controvérsia que se estabelecera entre os seguidores de Descartes (1596–1650) e Leibniz (1646–1716) quanto à grandeza física essencial na interação entre os corpos – o produto mv da massa pela velocidade, ou *pressão morta*, para Descartes; o produto mv^2 da massa pelo quadrado da velocidade, ou *força viva*, para Leibniz. Kant advogou, pleno de razão, que ambas as quantidades eram essenciais para compreender o movimento – ao que não terá sido estranha a influência do Taoismo, por intermédio de Georg Bilfinger (1693–1750), que em Königsberg desenvolvia uma Filosofia da Natureza baseada nos ensinamentos de Confúcio –, mas fê-lo sem invocar Newton, ou quando muito invocando-o para criticar os seus princípios de Dinâmica, que reputava desnecessários. É indício da genialidade de Kant que, ao falhar no reconhecimento da importância dos resultados que moldariam a Mecânica durante os 150 anos subsequentes, tenha formulado na sua tese conceitos evocativos da Relatividade de Einstein. Mas as propostas de Kant não impressionaram os seus professores de Königsberg, receosos das suas implicações teológicas. E, em rigor, a controvérsia que o filósofo abordava havia já sido resolvida de forma satisfatória. Em 1737, Euler (1707–1783) explicara, com recurso ao cálculo integral de Newton/Leibniz, que a *pressão morta* (ou «momento linear», em linguagem atual) era a força de Newton integrada no tempo, e que a *força viva* (ou «energia cinética», a menos de um fator ½) era a força de Newton integrada no espaço. Em 1743, o francês Jean le Rond d'Alembert (1717–1783) mostrara que ambas as grandezas têm um papel fundamental na Física. É pouco provável que os piedosos professores de Königsberg estivessem a par destes desenvolvimentos em 1747, quando a tese ficou completa. Seria mais por objeção à radical ontologia aí desenvolvida, em contradição com o *Genesis*, que Kant viu recusado o grau académico (em 1770 viria a ocupar a cátedra do professor que o rejeitara).

Munido de uma teoria para as interações físicas, o jovem Kant virou a sua atenção para os fenómenos da Natureza, dissertando com variável grau de sucesso sobre a origem do sistema solar (1755), os ventos (1756) ou os terramotos (1756). Se no primeiro tema as ideias desenvolvidas eram de tal alcance que ainda hoje encontram aceitação no essencial – na forma da teoria nebular de Kant-Laplace –, já no último as condições se revelariam menos propícias. Desde a Antiguidade Clássica as conceções sismológicas dividiam-se em duas categorias: teorias neptunistas, que atribuíam os terramotos ao colapso ou explosão de cavernas subterrâneas escavadas pelas águas de um oceano primordial, e teorias vulcanistas, que explicavam o fenómeno como o resultado de fogos subterrâneos. A explicação neptunista, proposta por Demócrito (460–370 a. C.), teria ainda defensores entusiastas no século XIX. O modelo vulcanista recebeu um importante ímpeto de Aristóteles (384–322 a. C.) no seu tratado *Meteorologica*, que atribuía os terramotos ao escape através da superfície terrestre de ventos subterrâneos postos em movimento pelo fogo do interior da Terra e pelo aquecimento solar. Ambas as versões da teoria pressupunham que cavernas ou túneis subterrâneos estavam ligados à génese dos terramotos, tese que viria a dominar paradigmaticamente o estudo dos tremores de terra durante a Idade Média. São Tomás de Aquino (1225–1274) concorreria neste entendimento, com uma reserva: «Deus é a causa principal dos terramotos: só secundariamente se devem a ventos subterrâneos».

Na década do terramoto de Lisboa as teorias sismológicas conheceriam uma fase de transição. Se o desastre em si, com os detalhados relatos que dele foram chegando a toda a Europa, foi um importante incentivo para a investigação das origens de tão devastador acontecimento, há que procurar nos progressos da Física e da Matemática as razões dos desenvolvimentos teóricos subsequentes. Aliás, dois sismos de dimensão insignificante que foram sentidos em Londres em 1750 haviam já espoletado um intenso debate em torno da natureza do fenómeno. O aspeto crucial, ainda em fase de maturação em meados do século XVIII, prendia-se com a compreensão dos fenómenos ondulatórios. Apesar da sua ubiquidade na Natureza, as ondas causavam viva admiração nos espíritos desde a Antiguidade: «Esse efeito maravilhoso celebra muito Séneca no seu primeiro livro das *Questões Naturais*» diria sobre as ondas o Padre António Vieira em 1640. Uma correta formulação do problema da propagação de ondas numa corda vibrante foi desenvolvida por d'Alembert em 1747, mas a teoria da elasticidade encontrava-se ainda numa forma incipiente e não permitia abarcar o estudo da propagação de ondas em sólidos. Em particular, escapava à perceção humana a noção de que a energia se pode transmitir no espaço sem estar associada a um fluxo de matéria. Por esse motivo, as teorias sismológicas anteriores à correta formulação do fenómeno ondulatório «estendiam» a fonte do sismo – por meio de cavernas ou túneis subterrâneos – a toda a região onde os efeitos se faziam sentir.

Se bem que uma clara diferenciação entre os processos na origem do terramoto – a *fonte sísmica* – e os seus efeitos à distância causados pelas ondas sísmicas que irradiam a partir da fonte só tenha ficado estabelecida em 1846, quando Robert Mallet (1810–1881) escreveu o seu tratado *Dinâmica dos Terramotos*, os indícios de mudança surgiram pela primeira vez nos ensaios de Kant, e poucos anos mais tarde na obra do inglês John Mitchell (1724–1793). Não escapou a Kant o facto aparentemente paradoxal de que a água de lagos afastados do oceano se tivesse agitado violentamente em locais bem longínquos de Portugal, como na Suíça ou na Noruega – fenómeno conhecido por *seiche* – sem que na terra circundante a essas massas de água o movimento do solo tivesse sido percetível. Inclinado no primeiro ensaio a ver aí uma evidência da ligação entre os oceanos e as águas intracontinentais, Kant vai avisando que «convém evitar os juízos prematuros... pois não é de todo impossível que a agitação dos lagos interiores se possa também dever a outros motivos». No segundo ensaio, Kant avança já, se bem que envolta em ambiguidade, a sugestão de que um movimento do solo «tão impercetível que um edifício de quatro varas de altura não se poderia ter afastado da vertical nem a metade de um grão, ou à metade da espessura de uma lâmina... no mar, em contrapartida... tinha de se ter feito notar de uma forma bem evidente», concluindo que, a admitir essa hipótese, «já não temos, pois, de nos admirar se todos os lagos da Suíça, Suécia, Noruega e Alemanha se mostraram tão agitados e efervescentes sem que, no entanto, se tenha sentido qualquer estremecimento do solo».

Kant ensaia deste modo o salto de gigante que consistiu em dissociar a localização do processo originário do terramoto das regiões em que o mesmo foi sentido, recorrendo à propagação de ondas – que o filósofo chamou «leves oscilações» – como agente intermediário. Contudo, Kant não abandona o paradigma aristotélico, como fica claro na passagem em que discute o *tsunami*: «Ao atribuir o tumulto de todas as águas ligadas ao oceano a esse único impacto que terá atingido o seu solo numa determinada área, não pretendo com isso negar a efetiva propagação do fogo subterrâneo sob a terra firme de quase todo o continente europeu. Ambos os fenómenos terão, com toda a probabilidade, ocorrido em simultâneo, concorrendo conjuntamente para as manifestações entretanto observadas, o que significa que nem um, nem outro, pode ser particularmente visto como causa exclusiva de tudo o que se passou.» Aliás, a profissão de fé estava já feita a abrir o ensaio: «Os terramotos revelaram-nos que a superfície da Terra está cheia de abóbadas e cavernas e que, por toda a parte, se escondem minas com múltiplos labirintos. A sequência da história dos terramotos demonstrá-lo-á inequivocamente... Estas cavernas contêm, todas elas, um fogo ardente ou, pelo menos, aquele tipo de matéria inflamável que apenas necessita de um pequeno estímulo para incendiar violentamente tudo o que a rodeia e abalar ou fender o solo que a cobre».

Como Thomas Kuhn teorizaria dois séculos mais tarde, o cientista não se dispõe a abdicar de um paradigma sem que outro esteja pronto para ocupar o vazio deixado. Se bem que o ponto de partida para a nova construção teórica possa ser associado às observações de Robert Hooke publicadas em 1678 («*ut tensio sic vis*»), só na primeira metade do século XIX, com os trabalhos de Augustin-Louis Cauchy (1830) e Siméon Poisson (1833), a teoria da elasticidade atingiria o grau de maturidade que lhe permitiria o tratamento adequado da propagação das ondas sísmicas no interior da Terra. Isso mesmo é bem patente no sugestivo título da comunicação que Mallet apresentou à Academia Irlandesa em 1848: «*On the Dynamics of Earthquakes; being an Attempt to reduce their observed Phenomena to the known Laws of Wave Motion in Solids and Fluids.*» Os ensaios de Kant sobre os terramotos, apesar de pouco estudados sob o ângulo da Epistemologia, surgem assim como um exemplo lapidar de investigação na fase que antecede uma revolução científica, tal como mais tarde, no final do século XIX, as propostas de Lorentz avançadas pouco antes do advento da relatividade de Einstein.

*

*   *

Volvidos 250 anos, beneficiamos hoje de modelos conceptuais que nos ajudam a entender o que se passou no 1.º de Novembro de 1755, que não estavam, naturalmente, disponíveis à época. Vimos já que a noção de onda elástica transportando energia a partir de uma região epicentral se desenvolveria quase um século mais tarde, quando Mallet redefiniu o sismo como «a passagem de uma onda ou ondas de compressão elástica com direção arbitrária, desde verticalmente para cima até horizontalmente em qualquer azimute, através da crosta e superfície da Terra, a partir de qualquer centro de impulso ou de mais do que um.» Mas, mesmo após esta contribuição fundamental de Mallet, o processo de libertação da energia na fonte permaneceu obscuro durante mais de meio século, e a segunda metade do século XIX seria ainda palco de debates científicos em que eram professadas teses vulcanistas ou preferido o modelo neptuniano.

Seria já no século XX, na sequência do grande terramoto de São Francisco em 1906, que esta matéria conheceria um progresso notável, quando o sismólogo americano Harry Fielding Reid propôs o modelo do ressalto elástico (*elastic rebound*) para a geração dos tremores de terra, baseado nas suas observações de campo ao longo da Falha de Santo André. Segundo este modelo, o interior da crosta terrestre acumula tensões elásticas ao longo de centenas ou milhares de anos, fruto de lentos processos geológicos, e quando se atinge o limite elástico dos materiais rochosos ocorre uma rotura ao longo de uma falha geológica, permitindo o deslizamento relativo de dois blocos da crosta e a libertação da energia acumulada. Parte da energia libertada propaga-se na forma de ondas sísmicas, outra parte dissipa-se na forma de calor. Pela primeira vez – e hoje pode parecer bizarro que fosse necessário esperar pelo dealbar do século XX –, a atividade das falhas geológicas era identificada como a fonte dos sismos, e não um seu efeito secundário, como até então se admitia.

Outro desenvolvimento notável no progresso da Sismologia teve início no final do século XIX, e não deixou de conhecer progressos até ao presente: a construção de sismógrafos de grande sensibilidade, e a cobertura do planeta com redes desses instrumentos para registar de modo rigoroso a vibração do solo por ocasião dos terramotos. Os primeiros passos no sentido da operação de redes sismográficas à escala global foram dados pelos Jesuítas, no século XIX, tirando partido da sua rede de missões (ainda hoje, vários sismólogos de vulto na comunidade internacional são membros da Sociedade de Jesus). No século XX, o sismógrafo atingiu uma sofisticação notável, como fica patente na seguinte passagem de *The Great Gatsby*, escrito em 1925, em que F. Scott Fitzgerald descreve o seu personagem principal: «*there was something gorgeous about him, some heightened sensitivity to the promises of life, as if he were related to one of those intricate machines that register earthquakes ten thousand miles away*».

Os progressos da observação geofísica, não apenas a nível sismológico mas nomeadamente na medição das anomalias magnéticas dos fundos submarinos, contribuíram decisivamente para a grande revolução das ciências geológicas a partir da década de 60: a teoria da tectónica de placas, proposta em 1963 pelo canadiano John Tuzo Wilson, e que viria a ser reconhecida pela revista *Scientific American* como uma das cinco principais descobertas científicas do século XX. Os lentos processos geológicos, implícitos no modelo do «ressalto elástico» de Reid, e que os geólogos se ocupavam em descrever exaustivamente a partir das suas observações de campo, eram subitamente colocados num contexto explicativo que as Ciências da Terra não detinham até aí. O movimento relativo das placas que compõem a camada mais exterior do planeta – intuído em 1912 pelo meteorologista alemão A. Wegener na sua proposta de «deriva dos continentes», mas rejeitado então pela generalidade da comunidade científica – permitia explicar a distribuição dos grandes sismos à superfície da Terra, ligando-os à interação das placas nas respetivas fronteiras.

Quando duas placas de diferente composição convergem e a mais densa é constrangida a «mergulhar» sob a outra numa «zona de subducção», estão criadas as condições para a geração de grandes terramotos. É o que se passa ao longo de uma estrita faixa em torno do Oceano Pacífico que inclui a costa oeste da América Latina, o Japão e o Alasca, e o que se receia que possa acontecer num futuro não muito distante ao largo do Estado de Washington no noroeste dos Estados Unidos – o famoso «*Big One*». É também esse o processo que ocorre no Mar Egeu, com consequências nefastas para a Grécia. Os movimentos relativos das placas podem tomar a forma de um afastamento, como ao longo da crista central do Atlântico, incluindo os Açores e a Islândia, ou de um deslizamento lateral, como na bem instrumentada Falha de Santo André, na Califórnia. Complicando um pouco este padrão simplista, os deslizamentos laterais de blocos da crosta podem acontecer também no interior das placas tectónicas, por vezes a milhares de quilómetros das suas fronteiras, como ocorre na Falha do Norte da Anatólia com os resultados sobejamente conhecidos. A extensão da atividade sísmica para o interior das placas tectónicas é característica da vizinhança de fronteiras em que duas placas de natureza semelhante convergem, sem que essa situação se resolva através do «mergulho» próprio das zonas de subducção. É deste tipo o movimento relativo entre o Norte de África e a Península Ibérica, regiões com características geológicas semelhantes e que convergem, sabemos hoje precisar graças às tecnologias espaciais, a uma velocidade de aproximadamente cinco milímetros por ano na direção noroeste-sudeste. É esta lenta convergência que «carrega» com energia elástica a crosta terrestre da região, conduzindo a episódicas roturas sísmicas. Uma dessas ocorrências foi o terramoto de 1755. O local exato onde isso aconteceu não é ainda consensual entre a comunidade científica.

O entusiasmo inicial em torno do poder explicativo da teoria da tectónica de placas, associado à ocorrência de um forte terramoto a sudoeste do Cabo de São Vicente em 28 de fevereiro de 1969 – em relação a cuja localização não subsistem dúvidas por se dispor de um vasto conjunto de registos instrumentais que permitem a determinação inequívoca do epicentro –, levou a que dominasse durante algumas décadas a ideia de que o terramoto de 1755 tivera a mesma origem, e a estrutura geológica submarina do Banco de Gorringe, situada nessa região e investigada em detalhe pela comunidade científica nesse período, tornou-se a principal suspeita. Contudo, durante os últimos anos essa hipótese tem sido questionada, e a investigação recente tem conduzido a um número de propostas alternativas, que vão desde uma até aqui insuspeitada zona de subducção incipiente ao largo da costa ocidental de Portugal([6]) até uma zona de subducção sob o Estreito de Gibraltar([7]), passando por outras estruturas geológicas alternativas ao Banco de Gorringe e mais próximas da costa([8]) ([9]). Foi igualmente proposto num estudo recente que parte da complexidade do problema se pode dever a uma multiplicidade de fontes descontínuas no espaço e quase simultâneas no tempo, com uma rotura secundária muito próxima de Lisboa. Será que uma tal proliferação de explicações alternativas, tentando encaixar os dados da observação nos conhecimentos atuais da Sismologia, prefigura a emergência no futuro próximo de uma nova maneira de entender este fenómeno? Estaríamos assim, como Kant no seu tempo, arreigados a noções já esgotadas mas que, à falta de alternativa, constituem ainda a referência teórica necessária ao enquadramento da fenomenologia.

Se as noções sismológicas de Kant foram afetadas pelas vicissitudes do processo científico, há que reconhecer por outro lado a atualidade das recomendações do filósofo quanto às regras de coexistência com os fenómenos sísmicos. Em primeiro lugar, porque Kant se insurgiu veementemente contra a corrente, tão

---

([6]) Ribeiro, A., *Soft Plate and Impact Tectonics*, ed. Springer, Berlim, Heidelberga, 2002.

([7]) Gutscher, M., What caused the Great Lisbon Earthquake?, *Science*, 305, 2004, p. 1247.

([8]) Zitelini, N. *et al.*, The Tectonic Source of the 1755 Lisbon Earth-quake and Tsunami, *Annali di Geofisica*, vol. 42 (1), 1999, pp. 49–55.

([9]) Terrinha, P. *et al.*, Tsunamigenic-seismogenic structures, neotectonics, sedimentary processes and slope instability on the Southwest Portuguese Margin, *Marine Geology*, vol. 3266, 2002, pp. 1–19.

presente entre os pensadores ibéricos, que atribuía o desastre à punição divina, afirmando: «O Homem tem, na verdade, tamanha presunção que, pura e simplesmente, se julga o objetivo único das ações de Deus, como se estas não pudessem ter outro fim em vista se não ele». Em oposição à campanha culpabilizadora levada a cabo pela Igreja, Kant oferece o bálsamo para o sofrimento humano causado pelo cataclismo: «E assim se encontra o Homem nas trevas quando pretende adivinhar os objetivos que Deus terá em vista no governo do mundo. Mas já não há que ter incertezas quando se trata da forma como nos deveríamos adaptar aos caminhos da Providência, em conformidade com os fins por ela visados. O Homem não nasceu para construir cabanas eternas neste palco de vaidades.» E, num generoso incentivo à catarse coletiva, oferece pistas, só parcialmente ingénuas, para a racionalização da ocorrência, resgatando-a assim do domínio do Mal absoluto: «Não seria bem mais razoável dizer: "É necessário que o solo seja, uma vez por outra, abalado por um terramoto, mas não é necessário construir sobre ele residências faustosas"?» Entusiasta dos ensinamentos de Jean-Jacques Rousseau, o jovem Kant juntaria assim a sua voz à do filósofo francês nos primeiros passos de uma campanha para prevenção dos efeitos dos terramotos: «Os habitantes do Perú vivem em casas que só têm paredes no rés-do-chão e o resto é feito de cana. É o Homem que tem que aprender a adaptar-se à Natureza mas, no entanto, pretende que seja ela a adaptar-se a ele.»

Ao trazer o terramoto de Lisboa da esfera do transcendente para o domínio da ordem natural, Kant tentou mostrar-nos que, ao invés de procurar no desastre significados ocultos, deveríamos antes aperfeiçoar formas de coexistir com o risco da sua repetição. A mensagem continua atual, mormente porque os destinatários se revelam renitentes. O jesuíta Gabriel Malagrida, némesis de Sebastião José de Carvalho e Melo, comentou nos seguintes termos a hipótese de o terramoto ser um fenómeno natural: «Nem o Diabo inventaria uma maneira mais certa de nos levar à perdição.» A mensagem de Malagrida, mais do que a de Kant, terá ficado plasmada na memória coletiva dos Portugueses. Razão de sobra, se outras não existissem, para ler o que Immanuel Kant e outros expoentes do Iluminismo escreveram sobre o terramoto de Lisboa de 1755.

Bristol, 27 de novembro de 2004

João Duarte Fonseca
Departamento de Física, Instituto Superior Técnico, Lisboa

Índice

TEXTOS FILOSÓFICOS

1. *Crítica da Razão Prática,* Immanuel Kant
2. *Investigação sobre o Entendimento Humano,* David Hume
3. *Crepúsculo dos Ídolos,* Friedrich Nietzsche
4. *Discurso de Metafísica,* Immanuel Kant
5. *Os Progressos da Metafísica,* Immanuel Kant
6. *Regras para a Direcção do Espírito,* René Descartes
7. *Fundamentação da Metafísica dos Costumes,* Immanuel Kant
8. *A Ideia da Fenomenologia,* Edmund Husserl
9. *Discurso do Método,* René Descartes
10. *Ponto de Vista Explicativo da Minha Obra de Escritor,* Sören Kierkegaard
11. *A Filosofia na Idade Trágica dos Gregos,* Friedrich Nietzsche
12. *Carta sobre a Tolerância,* John Locke
13. *Prolegómenos a Toda a Metafísica Futura,* Immanuel Kant
14. *Tratado da Reforma do Entendimento,* Bento de Espinosa
15. *Simbolismo: Seu Significado e Efeito,* Alfred North Withehead
16. *Ensaio sobre os Dados Imediatos da Consciência,* Henri Bergson
17. *Enciclopédia das Ciências Filosóficas em Epítome (Vol. I),* Georg Wilhelm Friedrich Hegel
18. *A Paz Perpétua e Outros Opúsculos,* Immanuel Kant
19. *Diálogo sobre a Felicidade,* Santo Agostinho
20. *Princípios da Filosofia do Futuro,* Ludwig Feuerbach
21. *Enciclopédia das Ciências Filosóficas em Epítome (Vol. II),* Georg Wilhelm Friedrich Hegel
22. *Manuscritos Económico-Filosóficos,* Karl Marx
23. *Propedêutica Filosófica,* Georg Wilhelm Friedrich Hegel
24. *O Anticristo,* Friedrich Nietzsche
25. *Discurso sobre a Dignidade do Homem,* Giovanni Pico della Mirandola
26. *Ecce Homo,* Friedrich Nietzsche
27. *O Materialismo Racional,* Gaston Bachelard
28. *Princípios Metafísicos da Ciência da Natureza,* Immanuel Kant
29. *Diálogo de um Filósofo Cristão e de um Filósofo Chinês,* Nicholas Malebranche
30. *O Sistema da Vida Ética,* Georg Wilhelm Friedrich Hegel
31. *Introdução à História da Filosofia,* Georg Wilhelm Friedrich Hegel
32. *As Conferências de Paris,* Edmund Husserl
33. *Teoria das Concepções do Mundo,* Wilhelm Dilthey
34. *A Religião nos Limites da Simples Razão,* Immanuel Kant
35. *Enciclopédia das Ciência Filosóficas em Epítome (Vol. III),* Georg Wilhelm Friedrich Hegel
36. *Investigações Filosóficas sobre a Essência da Liberdade Humana,* F. W. J. Schelling
37. *O Conflito das Faculdades,* Immanuel Kant
38. *Morte e Sobrevivência,* Max Scheler
39. *A Razão na História,* Georg Wilhelm Friedrich Hegel
40. *O Novo Espírito Científico,* Gaston Bachelard
41. *Sobre a Metafísica do Ser no Tempo,* Henrique de Gand
42. *Princípios de Filosofia,* René Descartes
43. *Tratado do Primeiro Princípio,* João Duns Escoto
44. *Ensaio sobre a Verdadeira Origem, Extensão e Fim do Governo Civil,* John Locke
45. *A Unidade do Intelecto contra os Averroístas,* São Tomás de Aquino
46. *A Guerra e Queixa da Paz,* Erasmo de Roterdão

47. *Lições sobre a Vocação do Sábio,* Johann Gottlieb Fichte
48. *Dos Deveres (De Officiis),* Cícero
49. *Da Alma (De Anima),* Aristóteles
50. *A Evolução Criadora,* Henri Bergson
51. *Psicologia e Compreensão,* Wilhelm Dilthey
52. *Deus e a Filosofia,* Étienne Gilson
53. *Metafísica dos Costumes, Parte I, Princípios Metafísicos da Doutrina do Direito,* Immanuel Kant
54. *Metafísica dos Costumes, Parte II, Princípios Metafísicos da Doutrina da Virtude,* Immanuel Kant
55. *Leis. Vol. I,* Platão
56. *Leis. Vol. II,* Platão
57. *Leis. Vol. III,* Platão
58. *Diálogos sobre a Religião Natural,* David Hume
59. *Sobre a Liberdade,* John Stuart Mill
60. *Dois Tratados do Governo Civil,* John Locke
61. *Nova Atlântida* e *A Grande Instauração,* Francis Bacon
62. *Do Espírito das Leis,* Montesquieu
63. *Observações sobre o Sentimento do Belo e do Sublime* e *Ensaio sobre as Doenças Mentais,* Immanuel Kant
64. *Sobre a Pedagogia,* Immanuel Kant
65. *Pensamentos Filosóficos* e *Adição aos Pensamentos Filosóficos ou Objecções Diversas contra os Escritos de Diferentes Teólogos,* Denis Diderot
66. *Uma Investigação Filosófica acerca da Origem das Nossas Ideias do Sublime e do Belo,* Edmund Burke
67. *Autobiografia,* John Stuart Mill
68. *Explicação do Pai Nosso,* Martinho Lutero
69. *Arrependimento e Renascimento,* Max Scheler
70. *Discurso sobre as Ciências e as Artes seguido de Cartas sobre a Polémica,* Jean-Jacques Rousseau
71. *Alguns Pensamentos sobre a Educação,* John Locke
72. *Escritos sobre o Terramoto de Lisboa,* Immanuel Kant